U0803348

向阳而生

DISC+拼搏就要趁早

李海峰　于木鱼　林　靖◎主编

華中科技大學出版社
http://press.hust.edu.cn
中国·武汉

图书在版编目(CIP)数据

向阳而生:拼搏就要趁早/李海峰,于木鱼,林靖主编.—武汉:华中科技大学出版社,2023.3

ISBN 978-7-5680-9131-2

Ⅰ.①向…　Ⅱ.①李…②于…③林…　Ⅲ.①学生生活-青少年读物
Ⅳ.①G635.5-49

中国国家版本馆 CIP 数据核字(2023)第 008276 号

向阳而生:拼搏就要趁早
Xiangyang Ersheng:Pinbo Jiuyao Chenzao

李海峰　于木鱼　林靖　主编

策划编辑:沈　柳
责任编辑:沈　柳
封面设计:琥珀视觉
责任校对:刘小雨
责任监印:朱　玢
出版发行:华中科技大学出版社(中国·武汉)　电话:(027)81321913
武汉市东湖新技术开发区华工科技园　邮编:430223
录　　排:武汉蓝色匠心图文设计有限公司
印　　刷:湖北新华印务有限公司
开　　本:710mm×1000mm　1/16
印　　张:14.75
字　　数:225 千字
版　　次:2023 年 3 月第 1 版第 1 次印刷
定　　价:50.00 元

序言

为什么要为孩子们出本书？家长和孩子可以从这本书里得到什么？

在回答这 2 个问题前，我先讲 2 个故事，我自己孩子的故事。

我和太太有一对龙凤胎，哥哥叫希希，妹妹叫郡郡。

希希的钢琴老师对他很好，师徒没事就常常玩四手联弹。弹琴之余，老师还会变魔术逗他玩。有时，太太开玩笑说，他们像父子。

有一次，老师表演完魔术后，把一副扑克牌送给了希希。我回家看到这副牌，虽然我并不知道怎么玩魔术，但想了想，就设计了个小游戏，让 5 岁的希希开心。

我让希希随手抽一张牌，通过回答我的问题，猜出他选定的那张牌。比如，他选定的牌是红心 10，我就会问他喜欢红色还是黑色，他如果说红色，我就继续下一步，问他比 9 大一点点的数字是几；他如果说黑色，我就问除了黑色，还喜欢什么颜色，保证最后希希能准确地说出他选定的那张牌。每次希希说出来那张牌，我都会大声地说："你真厉害！"我们父子玩得很开心。

第二天早上，我发现哥哥在带双胞胎妹妹玩这个游戏。哥哥每次引导完，都会竖着大拇指和妹妹说："你真厉害。"高 I 特质的妹妹也会露出一副得意的小表情，大声喊："我真厉害！"我开心地看着他们玩耍。

突然，希希对着我竖了个大拇指，然后和我说了句：

"让别人厉害的人最厉害。"

看到这里，如果你和我一样感动，那你就能理解我为什么要为孩子们出这本书。

到目前为止，作为 DISC + 社群的联合创始人，我已经帮成人毕业生出版了 15 本合集。他们很多人都有出书梦，合集的出版也算是小小地实现了他们的梦想。

在 DISC + 社群的认证讲师中，有很多人从事青少年教育工作，张展华、林靖、李嘉文、于木鱼就是其中的佼佼者。她们进行了一次精彩的谈话，后续萌生了帮她们的学生出书的想法。

她们找到我，我翻看了书稿，被感动多次。

我想再分享一个关于我女儿郡郡的故事。

我们没有宗教信仰，但旅行时，无论碰到寺庙、道观，还是教堂，都会带小朋友进去看看。

有一次，进到庙里，郡郡听到大家都说拜拜菩萨，就好奇地问："菩萨是谁?”我太太回答:“菩萨就是帮助别人完成心愿的人。”

郡郡跟着我们,对着庙里的菩萨许愿。我们很好奇,问郡郡许的愿望是什么。

郡郡回答道:“我的愿望是所有的菩萨身体健康。”

我希望我们都会成为我女儿祝福的人。

我更祝愿每个孩子都能成为自己的菩萨。

书里的故事都是孩子们自己写的,关于如何克服困难、发挥出自己的优势。

很多时候,我们强调:孩子都是超人,孩子都是天才。家长对孩子有超高的期待,这个我理解,但是这种期待也许会变成压力。

孩子只有从内在找到了动力,才能真正强大。同伴的启发,也许其影响力大于有些家长简单、粗暴的言语。

看完书里孩子们的自述,也许你会和我一样,产生另外一个观点:

每个孩子都很平凡,是拼搏让他们非凡!

共勉。

李海峰

2023.1.6

目录

contents

嘉宾采访

于木鱼

- 嘉家无忧社区联合创始人
- 广州市演讲口才促进会理事
- DISC + 社群联合创始人
- 中国人力资源认证企业培训师
- 拥有 10 年成人演讲教育培训经验
- 第八届当当影响力心理励志作家
- 畅销书《从 0 到 1 搞定即兴演讲》《效率手册》《破局：成为有优势的人》作者
- 《中国培训》杂志封面人物

林靖

- 青少年表达写作教练
- 全国青少年普通话与口才金牌讲师
- 擅长提升 5 ~16 岁青少年普通话与口才、公众发言、阅读写作等专项能力
- 资深媒体人、电视台前主持人
- 曾策划并主持多档金牌节目，受众最高峰达 70 万人次

李嘉文

- 英国剑桥大学硕士（全额奖学金）
- 美国耶鲁大学交换生（全额奖学金）
- 美国迈阿密大学交换生（全额奖学金）
- 中山大学英语、德语双专业学士
- 嘉家无忧社区联合创始人、社长
- 新励成在线联合创始人、COO（运营总监）
- 一点英语 APP 教研负责人、VP（副总监）
- 启德学府学术总校长
- 华南师范大学国际部副主任
- 北京大学汇丰商学院外聘讲师

展华

- 深耕教育 20 年
- 青少年学习力教练
- 领略青少年学习力创始人
- DISC + 社群联合创始人
- 擅长教育、文化领域的资源整合
- 在郑州搭建本土教育生态圈

同在教育行业，她们有着不同的身份，如作家、演讲教练、学士、创始人，她们共同为孩子们的幸福而努力。

数以万计的青少年在她们的社区/机构中提升专项技能，解决成长中的烦恼。她们将聚焦青少年写作表达这个专项技能，也是父母们共同关心的话题，讲讲自己的看法。

林靖：木鱼老师，作为第八届当当网影响力作家，您教孩子们表达写作，这跟教成年人有哪些不一样？

木鱼：这个问题非常有趣。我先从一样的部分回答一下，两者的共同点是：无论是成年人，还是青少年，都要具备优秀的表达力，而表达力分为两个方面，一是口头表达，二是书面表达。

先说说口头表达，也就是演讲。实际上，青少年比成年人学习的速度要快，因为青少年往往没有什么“偶像包袱”，不担心自己出错，当老师给了一些调整建议后，可以更快速地做出调整；但是成年人则不同，很多成年人更加在乎自己的一个细小的动作会不会影响过大，也就是我们说的凡事追求完美。这样的完美主义，往往会导致成年人在演讲表达上比较拘束。由于放不开，所以成长的速度相对较缓。

林靖：听起来成年人破壳更难一些，这种情况也出现在写作上面吗？

木鱼：书面表达也是这样，无论是成年人，还是青少年，都会犯一些常规的写作错误，比如文字不通顺，表达重复，人称使用错误，上一个故事没有写完、下一个故事又跳出来了等等。通过这些常见问题，我们可以看出来，即使是拥有丰富的社会经验的成年人，在写作这件事情上不持续练习，仍然写不出好文章。像一些偶尔自己写写公众号、写书评的人，文笔明显要好得多，这样的成年人比较容易完成写作。青少年的优势是，他们还处于学生时代，每天都要动笔，所以在状态上其实是优于成年人的，但主要问题是，学校不教如何写长文以及他们认为自己没什么故事。对于写长文，青少年在文章中往往会体现出很明显的拼凑感，因为没体会，所以想象不出自己会怎样，也不敢相信自己可以完成 3000 字左右的写作内容，所以，我认为不是青少年不能写，而是青少年认为自己不能写。

现在的青少年越来越忙碌，无论是学习艺术，还是学习体育，多多少少都拿过奖，都受过或多或少的挫折。这些发生在自己身上的事，都是很好的故事素材，可以激励人心，所以，不是很成功的故事才叫故事，而是能够激励别人的故事才叫故事。

在教青少年写作的过程中，我认为最重要的是带领他们发现、认识到身边的事情是可以拿来讲述的，是可以拿来表达的，而不是一定要做出怎样惊世骇俗的事情。所以，发现是表达、创作的开始。

木鱼：林老师之前主持过青少年的节目，接触过很多孩子，能给他们提一些平时练习写作表达的建议吗？

林靖：我非常同意木鱼老师上面讲的，坚定自己可以写作的信念和保持写作习惯，往往比真正动笔写还要难。不过，表达的场景在生活中处处可见，我们不用等到上台或考试，就可以有很多机会练习。

第一，重视自己这位读者。写作、表达不只是为了让老师评分，还是为了把美妙的时刻记录下来，让自己舒坦、高兴！如果孩子心里的写作目标是老师评高分、家长称赞，那么，在写作的过程中，往往避免不了会用很多修辞技巧、堆砌不恰当的名言警句，这不应该成为孩子们写作的目标。我的理解是，写作是为了给读者看的。谁是你的读者？你自己肯定是第一位读者。写给自己看就可以真实一点，写自己有真情实感的故事，而且随你喜欢，怎么写都可以。这样的文章首先能打动自己，才有可能打动其他人。在你想记录自己灵感的时候，文笔、修辞手法、名言警句都不重要，重要的是孩子能尊重自己的想法，写出此刻真实的、想表达的内容。

第二，写作是很好的学习方式。每一次准备写作，都是对自己已有的知识、观念、情绪进行梳理的过程。你需要对这些原始素材进行筛选、组织、精加工，还要翻翻书、上网查下资料，为手里的题目匹配一些新鲜内容。像我们小时候经常被要求写游记，有没有可能，你没去过，也能写出好文章？不太可能，因为只有当你去玩了，那些画面才能进入你的脑海，真实的回忆会让你的手不停地写下去。

“知之者不如好之者，好之者不如乐之者。”喜欢分享的人，会把从书中学到的东西说给别人听，写成文章去影响别人。那作为内容的输出者，最受益的是他自己，而且为了更好地呈现，他们会做很多阅读和整理，这样一个正反馈循环能让作者真正体会到写作和表达的乐趣。

木鱼：是的，不断分享新学到的内容，还会引发更多的思考。还有什么想要叮嘱孩子们的吗？

林靖：最后一个建议是，我们在表达的时候，要注意分清观点和事实。观点是我们对一件事情的看法、想法。观点是因人而异的，没有对错之分，但千万别掉进自我陶醉的表达陷阱里！要写出一篇好作文，不仅需要一个有力量的观点，更需要有足够的事实来佐证。我们在写作文和表达时，往往倾向于过多地诉说自己的观点，而缺少了对实际案例、事实的寻找和查阅。

嘉文：对于这个，我也很有体会。我们在表达的时候，如果能分清观点和事实，那么，既能交到许多有不同想法的朋友，也会对一件事情的思考更多元化、更全面。同样，你在写作的时候，也会更多地去查阅资料，找到事实来佐证你的观点。

展华：嘉文老师，听说您和团队在广州的一个岛上做教育，这个很有意思。跟我们大家分享一下，您为什么要在岛上办教育呢？

嘉文：我自己是做了十几年的教育人，我们现在在广州观龙岛做无忧社区。我们认为无忧社区是一个超级学习基地，是一个三代共育的场所，也是一个共创空间。就教育本身而言，我们提倡自然教育。这个理念在中国可能还很新，但我们愿意做自然教育的推广者，推动教育自然发生。

展华：怎么理解您说的自然教育呢？

嘉文：对自然教育，我个人有几层解读。

第一，在自然环境下的教育。

卢梭在《爱弥儿》中提出教育的目的在于使人成为自然人，并号召儿童教育回归自然、认识自然、感受自然。

我有一位朋友在武当山上做自然教育，他有一句很精妙的话来概括在大自然中的教育，“以天地为课室，以万物为教材”。也就是说，自然教育与传统教育的区别在物理空间上就能感受到，学习者不是在封闭的课室里，更多的是在户外课堂,如在森林里、在田间地头里、在湖泊溪流中。与到公园走走、看看不同的是,学习者通过触摸、感受、辨识,与自然进行互动,把万物当作教材,万物既是学习的对象,也是智慧的来源。

第二,让教育自然而然发生。

自然教育的本质是对人的信任,相信每个人与生俱来的好奇心是最宝贵的财富,也是最好的导师。

就美育而言,最高级的美来自造物主的鬼斧神工,但如果我们的感官是闭塞的,思维是拥堵的,那么对美的认知会难以建立和丰富起来。在英文中,有个表达叫 smell the roses,字面的意思是细嗅玫瑰,延伸出来的意思是提醒人们要放松自己,关注生活中随处可见的美,活在当下。

无忧社区在教育理念上,对 0 ~7 岁的孩子以自然美育为主,让孩子在还没被现代都市的各种污染封闭感官之前,充分地融入自然的美景之中,尽情地浸染和感受,以此来建立自己对美的感觉和知觉体系。当孩子能嗅到泥土的芬芳、听到虫鸣鸟叫、看到满目翠绿、摸到枝叶脉络、尝到新鲜菜味,他的感受是真实且美好的,孩子就会热爱自然,心底也会时刻被这一份来自大自然的馈赠温暖着、丰富着、感动着。

这个教育过程不在于老师给学生传授了多少知识,更多的是学习者提出了多少个问题、产生了多少思考。在传统教育中,很多老师会直接告诉学生答案,或者很多问题有标准答案,而自然教育的理念是让学生自己发问。

孩子们自己寻找答案,这本身就是积累知识、技能和智慧的过程。在社区里,老师(我更倾向于叫导师)不是知识的提供者,而是学习过程的引导者。在导师的指引下,学生自己可以完成学习新知识、技能训练和成果检验的闭环。

展华:我可以理解为,无忧社区是在大自然中教育孩子,对吗?这的确是孩子们所期待的学习环境!

嘉文:是的,无忧社区是有中国特色的自然教育探索和实践基地。我们希望培养出健康、阳光、自信的下一代,能扎根于中国土壤,有全球公民意识,能真正解决未来的社会问题。任重道远,虽远必达。

嘉文：展华老师，您深耕教育20年，接触过上百万个家庭。您在做教育行业、培养孩子们的过程中，认为现在家长最焦虑和担忧的是什么？

展华：我们都是教育行业的从业者，我身边有着传统教育理念的家庭比嘉文老师要多一些。我观察到这些家庭遇到了各种各样的挑战，尤其是在“双减”之后，家长最为焦虑和担忧的问题包括：“孩子会不会就此躺平？”“没有学习动力怎么办？”“很努力，却达不到理想的学习效果。”其实这背后是家长不知道如何提升孩子的学习力。

这里讲的学习力，不是指单个学科的成绩，而是指孩子底层的动力，这是他们的终身学习能力，也是解决问题的能力。

我们从表达的问题，来看整个学习、成长过程中要面对的困难，如果孩子有能力去面对，并且会自己想办法去解决，那以后踏入社会，他都会相信自己，积极主动地去寻求解决问题的办法，而不会等别人给一个标准答案。

我们认为每个孩子都有自己的内在“火花”，家长需要帮助孩子找到并点燃它。

林靖：我似乎听懂什么是内在“火花”了，那怎样才能帮他们获得内心的平和与快乐？

展华：我们知道学校里有学渣、学生、学霸和学神。学渣是没有学习动力，也没有掌握学习方法，甚至躺平、逆反捣乱的少年；学生是平凡、普通，动力不强，成绩一般，看上去比较乖的少年；学霸是有动力、有方法、肯努力、成绩好的少年；学神是轻轻松松当学霸的少年。毋庸置疑，我们都希望自己的孩子成为学霸或者学神。学霸或学神是天生的吗？还是有方法可以培养？其实是有方法的。我们从心理学、脑科学、学习方法这三个维度，来分析怎么提升学习能力、学习效率，包括提升记忆力、时间管理能力、问题驱动力、理解力、分析力等。这些是孩子提升自我学习力一定要具备的能力。

我们相信，除了这些，学神一定有一套长期有效的心智思维模式，有一种“元能力”，让他在以后的学习与职业发展中受益。这种“元能力”的培养，才是教育的根本，让少年拥有真正的内功，可以在未来过上幸福、快乐的生活。

另外，学神的培养与家长有极大的关系，不懂教育的家长去教孩子，不是培养，而是摧毁，是揠苗助长，是施肥太多、浇水太多，所以，在孩子成长的过程中，家长一定要不断学习、成长，成为孩子人生路上的“神助攻”，用这些科学、系统的学习力方法去帮助孩子！我们给孩子提供合适的土壤，采用正确的培养方法，相信每个孩子都会爆发出自己的潜力。

第一章

学习有方法

白晓武

出生年月：2006年11月

师长评价：

白蘋风起水生文，
晓风长路起埃尘。
武侯祠堂不可忘，
人正心善走天涯。

——小学毕业班班主任

“联”于学习，“想”于生活

拿起这本书的时候，您想到了什么？它的内容，还是作者？

看到作者都是在校的青少年，您第一瞬间想到了什么？内容，还是家长？

当您由一物想到与之关联的另一物时，就已经运用了联想思维。所谓联想，就是联系、想象。联想思维的运用在文学中早有体现，例如，“惊涛拍岸，卷起千堆雪”，东坡将长江的壮阔表现得淋漓尽致。联想思维在发明创造中也有使用，例如，从鸟的飞行想到飞机，从齿状草叶划破手想到木工锯。

联想根植于课堂学习

对于我来说，在学习化学时，运用联想较多，效果也较为显著。联想法不仅仅可以用来记忆知识点，还可以用来加深理解。

我在初二的暑假衔接课上初次接触到化学，当时对它没有任何了解，老师讲了很多东西，但是对于我来说，就是零零散散的碎片，十分混乱。

我正式开学、学习化学后，因为有暑假预习的基础，所以对知识点有了相对清晰、完整的框架。我在日常的听课、复习过程中，大脑会将不同物质、元素建立联系，例如，在学到二氧化碳的时候，就会自然而然地联想这种气体是怎么制取的、需要哪些反应物，然后脑中就会浮现出这个实验。看到一个氧化还原反应，就会联想到复分解反应发生的条件是有气体、水或者沉淀产生，然后再联想到八大沉淀是哪八大沉淀呢……养成了联想的习惯，就能够想到一系列的知识，融会贯通后，日常学习和应对考试自然会轻松很多。

其实，不仅是学化学，在写作文时，我也会进行跨学科的联想，就比如我在写《努力与成绩》这一篇命题作文时，将两者关系绘成一个函数图像：斜率逐渐变小，趋于零，是增函数，图像与 y 轴的交点大于 0……当写完这一段时，我都惊讶于自己下意识的想法。

联想应用在生活的点滴中

有一次，我和妈妈去超市，我们经过一个循环播放广告的药店，具体卖什么不太清楚，我好像听到的是卖盐酸。我心想，盐酸也能卖？盐酸是强酸，不可能当药物直接用啊，怎么会在药店促销出售、买一赠一呢？我随即又想到人的胃液里面有盐酸，然后盐酸可以和什么物质反应，作用是什么。继续沿着一段施工围墙走，围墙上画了树叶，我瞬间就想到了叶绿体，接着想叶绿体在显微镜下的结构是什么样的……

我在超市的面包区看到软糯的麻薯，好想来两块！但店家说这一包有 12 个，不拆开卖。我当时非常惊讶，自己买 12 个，怎么吃得掉，整个周末的三餐都吃它还差不多。这时候，我就想起二次函数中有一个最值问题，就是当卖到某一个数量的时候，利润是最大的，但这样的 12 个一包显然不是麻薯的利润最大值，因为 12 个一包，肯定会有很多顾客觉得太多了，根本吃不掉，那就不买了。当时，我的脑海中就浮现出二次函数的图像。

这看似是一次休闲，却让我联想到许多知识，不仅让我对理论有了更深刻的理解，还将理论运用到生活中去。这应该也是学习的目的之一。

培养联想习惯

如何培养自己联想的习惯呢？书店里、网络中有很多相关的图书和文章。关于联想这个方法，我不像专家讲的那么专业，但都是结合自己的亲身经历或者真实感受来谈一谈。

联想的基础是知识。你只有学习、了解过这个知识，才有可能记住，再有可能熟练掌握！就比如，你看到红色，会想到红苹果，那么，你在此之前，要知道苹果是红的。当你对这个知识点熟练后，它就像刻在你的脑海里，会条件反射般想到。不知你是否有这样的经历，当你背课文背得特别熟时，你根本不用去思考下一句是什么，就能背出来。

当然，知识不仅是课本知识，还可以是实际经验。实践是检验真理的唯一标准，增加经验的方法是增加阅历，所以多出去走一走，哪怕就是像我去超市，甚至在上学、放学路上、乘坐公交车时，都可以多观察，并就所见所闻展开联想。

培养联想习惯是出于一种刻意使用的意识，就是有意识地去联想，看到一个知识点，强迫自己将它与最近所学的联系起来。哪怕开始有些困难、有些累，但在一点一滴的积累中，这种思维方式会慢慢形成。

儿时的积累

现在所说的联想其实与孩提时代的想象很像，只是联想更加具象化，更加有助于学习和生活。我现在的联想思维能够迅速建立起来，有很大一部分原因是得益于儿时那看似开玩笑的天马行空的想象。

例如，“妹”字的右半边是未还是末？妹妹一天天长大，所以是未来的未。未是上短下长，未来是要一点点长长的；末是上长下短，末日就是没啥日子了。

不管是积累写作文的素材，还是书本知识的学习与应用，善于、勤于观察并联想是非常关键的，例如，走路、吃饭时，看到什么新鲜事物、想到什么，都可以借助它们进行下分析和评价。

我家玩了好多年的游戏也是很好的培养联想思维的方法。我家不定期举办“家庭大讲坛”，我们一家五口都得表演节目，哪怕就是讲讲最近家里好玩的事情或者自己小时候的糗事。我家有空就练习成语，有时候是成语接龙，有时候是猜成语，有时候就是刻意用成语表达，讲话尽量多用成语，一方面是为了锻炼表达能力，另一方面是将学习到的知识应用起来。

写作文的时候，可以天马行空地随意写，拟人、比喻随便用，可以不考虑是否符合现实，例如，写四年级的作文《妈妈的脸》，妈妈的脸是什么样的呢？是圆的？是方的？是瓜子脸？都不是，我妈妈的脸是一个“百变器”。

妈妈的脸是温暖的。每当我生病的时候，这张温暖的脸会紧紧地贴着我。妈妈的脸就像我生病时的“医生”，她这么温暖地贴一下，我的病很快便好。每到冬天特别冷的时候，妈妈怕我冷，都会抱抱我，她温暖的脸贴着我的脸，此刻妈妈的脸就是冬天里的一把火。

妈妈的脸是凉爽的。每到夏天，我有一个特别“清凉”的空调。这个空调除了上学时，其他时间都跟着我走。我只要很热，摸一摸这个空调，就会感觉凉爽一些，这个空调就是妈妈夏天的脸。

妈妈的脸是温柔的。每当我不开心的时候，总会有一个“心理师”为我调整情绪。她的脸紧紧贴着我的脸，我的心便碧空如洗。每当我和爸爸闹起来时，这个“心理师”就会过来，跟我们各自聊聊，这个“心理师”就是在我不开心时妈妈的脸。

妈妈的脸是凶猛的。每当我顽皮时，就有一只“老虎”朝我扑来，像是要吃掉我，我便逃回房间。每当我在她不开心的时候嬉闹，那只“老虎”就跑出来了,我实在不敢看,这只“老虎”就是在我顽皮时妈妈的脸。

这些稚嫩的语言尽显孩子的童真,也是我在成长过程中不断积累的联想宝藏,是我联想思维形成的见证。

联得千物成一想,想成千物得一联。“联”与“想”密不可分,相辅相成。

李紫郡

出生年月：2013年9月

获得荣誉：

2021 年 1 月获得第三届超级星主播中国国际青少儿主持人大赛广东赛区总决赛冠军

2021 年 7 月获得第五届中央音乐学院全国青少年艺术展演(市级)声乐类金奖

2021 年 8 月获得首届“童心杯”暨“党的故事我来讲”公益演讲比赛冠军

2022 年 5 月获得榜样少年艺术展演总决赛(钢琴组)一等奖

2022 年 6 月获得第 18 届校园美育大赛广东省决赛声乐组特金奖

2022 年 7 月获得新时代出彩少年全国青少年艺术展演语言艺术类一等奖

2022 年 8 月获得第二节广东省朗诵大赛总决赛特金奖

2022 年 8 月获得第十二届中国小金钟音乐大赛总决赛声乐金奖

2022 年 10 月获得红心向党革命故事会全省 10 强选手(比赛未结束)

2021 年 10 月获得广东省“红领巾奖章”个人四星章

师长评价：

李紫郡的性格乐观积极、热情大方，脸上永远都带着灿烂的笑容，像小太阳一样温暖着身边的人。她天生具有很强的表达与共情能力，条理清晰，字正腔圆，她的语艺老师夸赞她是祖师爷赏饭吃的孩子。她还是个比赛型的选手，场面越大，发挥得越好。

读书是人生的指路灯

我是李紫郡，今年9岁，就读于华景小学，上三年级。我是一名广播员，在广播时，我自然、大方，我希望大家能够听到我美妙的声音。我被评为大家心目中的“优秀广播员”，当我获得这个称号的时候，别提多开心了。不仅如此，我还参加过许多主持、朗诵类的比赛，拿到了很多金奖。除了是小广播员，我的体育也不错，我在体育馆里总结了很多运动方法，并且在女子跳绳比赛中挥洒汗水，拿到了女子跳绳冠军！

你喜欢读书吗？我知道如果探讨这个问题，很多人可能看不下去了，但我相信，翻到这一页的你，一定不会放弃阅读下去，因为我觉得你一定有着和我一样的对书的热爱。我认为，读书是人生的指路灯。

读书这件事情，最先影响了我的妈妈。

妈妈和我说，她小时候学习很好，不用外婆督促，就可以自主地学习。妈妈回忆道，能够有这样的自主学习能力，她觉得读书这件事情有巨大的功劳。

妈妈觉得，书中总能有她想要的答案，书总能帮助她解决一些问题，她总能从书中找到动力，所以，妈妈每天一读书就是几个小时。现在，妈妈时常对我说：“宝贝，一定要多读书呀！读书对你今后的人生有很大的帮助。对于妈妈而言，书籍是一盏明灯，能够帮助我，也能够帮助你，更可以帮助其他人。”

一开始，我还不明白是什么意思，直到长大了一点儿之后，我才慢慢地有所体会。渐渐地，读书这件事情也影响了我，我也感受到了读书的力量。

有一天,我吃完饭后,妈妈对我说:“孩子,咱们来看一部电影吧!”我很激动,“太棒了,好久没看电影了!”于是,我兴高采烈地跟着妈妈走,妈妈却没有真的带我去看电影,而是径直带我走进书房,并且给了我一本厚厚的书!我顿时感到很失望,“不是看电影嘛?怎么看书”?我心里太难受了,接过妈妈给我的厚厚的书,一翻开,密密麻麻的文字出现在了我的面前。看电影跟看书的区别真的是太大了,一想到这里,我就心烦。看书好无趣,看书多无趣啊!一瞬间,我就不想看书了,我刚想放下书,离开书房,妈妈就像能够马上洞察到我的想法一样,温柔地跟我说:“孩子,这就走了?要不要再看一会儿?”我说:“不要了,妈妈。不是说好了看电影嘛?你是不是骗我啊?”妈妈说:“妈妈没有骗你,这本书跟电影一样好看,是妈妈最喜欢的一部‘电影’了。妈妈觉得很棒,所以想跟你分享。”我说:“原来是这样。可是这本书上有密密麻麻的字,实在是太难读了啊。”妈妈说:“不要灰心,你接着往下看看,说不定就有新的发现了。”

虽然,此时我确实不想看下去了,但我还是听了妈妈的建议,尝试着看了一下。当我看完密密麻麻的第一页之后,迎接我的是有彩色图片的第二页。这时,我才明白,于是我快速翻阅这本书,原来这本书是文字加图片的,仔细看下来,真的像看电影一样。

那一刻,我的心情一下子变好了,书里的内容,我觉得十分有趣,不知不觉就看了两个小时。原来看书这件事情,可以这么有趣,我完全投入进去了,甚至忘了吃饭、喝水。这本书虽然厚,但是没过多久,我就把这本书全部看完了。我也不知道哪里来的勇气和力量,能够把一本厚厚的书全部看完。我想这也许就是书籍的力量。

从此,书籍像我生命中的一盏明灯,让我在人生的道路上有了光明,有了希望。我有了书,就有了力量。

自从看完这本厚厚的书,我开始变得有些不一样了,在一些读书会中,我开始愿意主动分享,把我的想法分享给别人。那我讲的是什么呢?我渐渐地发现,我分享的内容大多都是我从书中学到的。这也让听到我分享的人觉得不可思议,原来这么小的孩子,都可以通过读书让自己成长和改变。

在每一次读书会上，大家都会给我掌声，给我鼓励，让我一次一次地站在舞台上，久而久之，我开始喜欢舞台上的感觉，我开始做主持人，我更乐于组织大家一起来分享，因为我相信读书不仅仅可以给自己力量，还可以帮助更多的人。

我想也是因为读书，我从很小的时候开始，就喜欢编故事，于是，很多人都说我的口才很好，我也觉得我的口才还不错，所以，我的爱好从此变成了写作文。老师一开始还说我是“怪孩子”，因为大多数人都觉得写作文是一种负担，但我并不这么认为，写作文不也是一种分享嘛！所以，无论你在哪个场合看到我在主持、在做播音员、在做读书分享，你都不要觉得很神奇。这些并不是什么很难的事情，都是读书带给我的收获。

那么，你喜欢读书吗？无论你现在是否喜欢读书，我都不希望你放弃读书，因为只要你再努力一下，你就会发现读书的美好，你就会感受到读书的魅力，你也会拥有属于自己的前进的力量与目标，所以，请让书与你为伴，找到真正属于你的人生光明之道。

我希望你能沉下心来读一本书，让书籍成为你的指路灯。书籍之所以可以成为我们的指路灯，那是因为书籍能让你在绝望中看到新的希望，能让你在黑暗中找到光明，书籍的力量是无边无际的，所以，朋友，请你找到心中的那盏指路灯！那盏属于你的指路灯！只要你开始读书之旅，就会渐渐地感受到这一点。

最后，我想跟你说：“古人学问无遗力，少壮工夫老始成。”

刘景馨

出生年月：2012年7月

重要荣誉：

"支援河南救灾"先进个人

河南广播电视台《爱逗现场秀》明星小主播

学习要有好方法

问大家一个问题，你们有过既兴奋又紧张的状态吗？

我有，而且这种状态足足持续了一个月，直到一次考试打破了这种状态。

2022年的秋天，我进入了小学四年级，还迎来了一场考试，即开学考。说到考试，因为之前的每次考试，我都能考95分以上，一直保持在班级前5名，所以对于这次开学考，我一点都不紧张，反而期待老师在讲台上公布成绩的那一刻。那一刻，我一定按捺不住美好的心情，小跑到讲台上接过卷子，同学们投来羡慕的眼神，想想都激动。

想得有多美好，现实就有多打脸。我只考了80分！脑瓜子都懵了，好久都没有回过神来。在老师公布成绩的那一刻，我把头埋得很低，恨不得找个洞钻进去，不敢抬头看老师，也不敢看同学，脚上像被磁铁吸住了一样，迈不开腿，迟迟不敢上台领卷子，直到老师喊了三遍我的名字，我才上台接过卷子。我都不知道那一天我是怎么熬过来的，心中充满愧疚、沮丧、自责。

当我逐渐冷静下来，我开始复盘这一次考试为什么考砸了。只有面对问题，找到原因，才可以避免下次考砸，我可不想再难堪了。分析下来，我认为存在三方面原因：首先，暑假作业我没有认真写，更没有好好利用暑假学习；其次，这次考试有很多新知识，我并没有完全吸收；再次，就是自控力不强。问题是找到了，如何解决才是关键，接下来，我把我的方法分享给大家。

对于如何掌握新知识，我有一个特别好的方法要告诉你。你有没有发现，有时候，我们学习非常认真，花的时间也不少，但就是没有其他人学得好。告诉你,这一般都是学习方法出了问题。

好的学习方法,往往能够起到事半功倍的效果,这里和大家分享一个超级高效的学习方法,简单实用,实操性强。这个学习方法就是费曼学习法,该学习法在网上获得超多赞,是全球公认的终极学习法。

那么,具体来讲,什么是费曼学习法呢?

1965 年,美国物理学家理查德·费曼获得了诺贝尔物理学奖。费曼在 24 岁的时候,就参与了研制原子弹的"曼哈顿计划",并做出了巨大贡献。费曼有一部自传体作品,名字叫《别闹了,费曼先生》。正是在这本作品中,他总结出了费曼学习法。

费曼学习法总共分为四个步骤:

第一步,先选好你要学习的对象,然后搜集和阅读尽量多的与其相关的资料。在此过程中,记得做好笔记,这是很重要的一环。当然,对于我们学生来讲,最重要的学习对象就是老师上课讲的内容。

第二步,学完之后,把自己想象成一个老师,正在给教室里的学生上课,讲的正是你学到的内容。在这个讲课的过程中,你要尽量迫使自己用最简单、易懂的语言去阐述,让每一个学生都能迅速听懂。当然,你也可以把听众想象成其他的身份,最重要的是,你要能把你学到的东西通俗易懂地讲出来。这一点,我在上青少年演讲课的时候,我们的教练也提到了,我们要以老师的心态来学习,所以看到这里,我觉得特别亲切和熟悉。

第三步,当你卡壳,讲不下去了,或者不能通俗易懂地讲出来时,就要回过头去阅读和理解那些资料,搞清楚问题所在后,再继续讲。这又让我联想到我们青少年演讲课里,在讲如何高效阅读的时候,我们在阅读之前,有一个任务是"说来听听",教练说,当我们阅读后,不能很好地说出来的时候,证明我们没有真正看明白,那就需要继续阅读。

第四步,回到第一步,重复上面的过程,但要试图用更加简洁、直白、易懂的语言去讲你学到的内容。

当这四步完成之后,你就真正吃透了学习的内容。

用了这个方法,我可以大声说一句:"从此,妈妈再也不用担心我的学习了。”效果真的特别好。不信？你试试。

对于自控力，我想跟你分享一个好方法，叫“十分钟法则”。那什么是十分钟法则呢？

这个方法特别有意思，你的生活中一定有很多诱惑吧？你知道不好，但还是经不起诱惑，比如游戏。如何抵制诱惑？十分钟法则就很有用。例如，如果是想严控手机的使用时间，就把手机放远一些。当你正在读书的时候，突然忍不住想要去看一看手机里面的微信消息，就告诉自己，等看十分钟的书之后，再去碰手机吧。等过了这十分钟，也许你已经沉浸在了读书的乐趣当中，而把手机忘在了一边。

十分钟法则，也就是一种延迟满足的法则。克制住自己，不让自己轻易得到即时满足，这是比较容易操作的能够增强自控力的好方法。

十分钟法则也可以用在当你想要去坚持做某一件事情的时候。譬如说，今天实在不想动，本来是给自己定了一个每天都要运动的计划，但是一直都不想动。那就拿起表来，设置一个十分钟的闹钟，告诉自己，运动十分钟就好。劝说自己只要坚持这短短的十分钟，在十分钟之后，就可以选择放弃。当这十分钟结束之后，也许，你就不想放弃，就接着做下去了。

十分钟法则，就是利用一点短短的时间去延迟满足，帮助我们增强自控力。做自我的主人，会很快乐。

人们常说，“失败乃成功之母”，我原来不懂，现在我有了自己的理解。我认为，失败就是失败，本身没有价值，价值在于你不能接受自己失败，如何从失败走向成功，这才是我们在失败面前需要去思考的问题，这也是失败真正的价值所在。我要感谢这次开学考的失败，因为它让我掌握了两个一生都十分有用的好方法，希望对你们也有用。

史浩泽

出生年月：2012年4月

重要荣誉：

参加第十一届少数民族传统体育运动会《石榴红了》节目录制

2018 年获得世界机器人大赛——RoboCom 精英赛二等奖

2018 年获得世界机器人大赛——RoboCom 国际公开赛全球锦标赛二等奖

2019 年获得第三届邮政杯郑州市中小学生科学运动会年级组冠军

成功者找方法，失败者找借口

有一个爱学习、懂学习、会学习的小男孩，他的名字叫史浩泽。对了，你没猜错，他就是我。

有哪个孩子天生爱学习呢？学习是这么的枯燥。

是的，一开始，我也觉得学习很无趣，但是学习是有技巧和方法的，坚持学习给我带来的收获让我渐渐喜欢上了它。你们如果不信，就听我慢慢道来吧。

让很多同学最头疼的是英语，我每天坚持用平板进行有效英语阅读至少三十分钟，截至今天，已经有 1000 多天了，我准备一直坚持下去。

在这 1000 多天里，我也有过很多次放弃的念头，比如，我在参加 365 天连续阅读挑战的时候，规则是如果每天少哪怕一分钟，也会挑战失败。当我读到 260 多天的时候，有一天，我和家人外出，没有带平板，到家已经晚上 11:30 了，我用最快的速度打开平板，赶紧读，最终也才读了 20 多分钟，挑战失败，我那个后悔呀，感觉天都塌了。当时，我就想放弃了，因为如果继续挑战的话，我只能从头开始，所以很不甘心。第二天，我调整了心情，想着一定不能就这么放弃了呀，要不然之前的几百天就白读了，因为我心里还是很喜欢英语的，它是我与世界沟通的工具，我怎么能就此放弃呢！

我吸取教训，之后每次外出，必不会忘记带平板。我还学会了利用碎片时间来阅读，如在刷牙、洗脸的空隙，在上下学的车里，就这样一直坚持着，现在已经是我生活的一部分了。

我深知，“不积跬步，无以至千里”，所以，当这种习惯成为我生活的一部分时，它就不是什么问题了。

2020 年的春天，我读二年级。疫情突然暴发，社会各界都在用自己的方式支持抗疫。大家都在抗击疫情，可外国媒体对中国的不真实报道，让我们有苦难言，我想做些什么，但心有余而力不足。

偶然间，我和妈妈在网上看见了刘洁阿姨的英文演讲视频，我内心澎湃不已：我想用自己的方式，用英语演讲让外媒了解真实的中国。于是，我请求妈妈帮我梳理演讲稿，我想利用自己微小的力量，向外界传达中国少年的真实声音。

演讲稿整理出来了，但对我来说，真的好长，还有好多自己不认识的单词，能读下来已经很不错了。妈妈说：“你见过哪个演说家是看着稿子读的？”她居然想让我背下来，我本来是抗拒的，可是，我既然做出了决定，那就该对我的决定负责。失败者找借口，成功者找方法，我沉下心来，开始慢慢拆解每个段落。

将近五分钟的视频，我每天背一段，第二天背完新的，同时复习前一段。就这样，一个星期下来，我把整篇演讲稿都熟练地背了下来。正如鲁迅先生说的，“世上本无路，只是走的人多了，也就成了路”。原本看起来不可能完成的事情，经过不懈的努力，把不可能变成了可能，最后呈现出来的效果，让我非常有成就感。

“工欲善其事，必先利其器。”学习是有方法的，掌握好方法，才能事半功倍。

主动学习和被动学习给我们带来的感受是截然不同的。随着年纪的增长，背诵任务也会增长，既然背诵是一件不得不完成的事情，那我们为什么不提前完成呢？

在三年级暑假之前，我把小学必背的所有古诗和文言文都背完了。读四年级时，我开始背初中的文言文和古诗。我的方法就是先熟读，再用画图记忆法去加强记忆。

在背诵古诗的过程当中，我经常会遇到一个问题，看见很长的文言文的时候，第一反应都是觉得自己背不下来，但是一次次地完成背诵后，我莫名地有成就感，就是这种成就感，让我愿意去挑战更难、更长的文章。

《出师表》这样的中长篇，我用两三天就背熟了。妈妈跟我比赛，她读得还没有我背得快呢！我特别得意，真像她说的那样，脑袋就像机器，知识就是润滑油，越用越灵活。有了中文的理解和熟背，我现在已经开始背《出师表》的英文版了，因为英语是我与世界沟通的工具，我想以自己的方式，让外国人了解中国文化，传播中国的智慧。

所以，朋友们，当看到一个自己感觉完不成的任务的时候，要敢于尝试，不要害怕它，更不要否定自己，有句话说得好：失败者找借口，成功者找方法。

男子汉就应该有军人的气质。

在三年级暑假的时候，我去参加了一个夏令营的尖兵战狼营。还没出发，我就知道肯定需要吃苦，果然不出我所料。

在战狼营里面，站军姿是最基本的。每天在阳光底下，太阳晒得我头晕眼花，满脸通红，汗流浃背，每天T恤衫的背部都是白色的，教官说，那是身体里的盐分。

我也想过放弃，但转念一想，"天将降大任于是人也，必先苦其心志，劳其筋骨"，我连这点苦都吃不了的话，那还如何挑起重任呢？想想抗洪战士泡得泛白的脚掌，想想天安门前升旗手磨烂的手掌，想想戍边战士晒伤的皮肤，我这又算得了什么呢？

我咬牙坚持了下来。最后结营的时候，白皙的皮肤被晒得黝黑，但看上去很结实，这才像一个真正的男子汉嘛。

在2022年的暑假，我还独自去杭州参加了一个为期六天的夏令营，自己面对陌生环境，独立生活，对我来说又是一次全新的挑战。我还喜欢滑翔伞。当我第一次跳滑翔伞的时候，面对高空，我很恐惧，也很胆怯。我站在旁边观察了很多人，总结经验，向往天空的欲望战胜了恐惧，飞在天空中的那一刻，我感觉一切都值得。一开始看起来很难的事情，只要努力去做，其实并不像自己想的那么难。很多人往往止步在了自己的忧郁和焦虑中，做的次数越多，这种信念就越笃定，而且成功是会上瘾的。大胆尝试，每一次付出，都不会白费。

我现在只是一个四年级的小学生，人生还很长。在未来的道路上，我会继续积累更多的经验，让自己变得更优秀。

相信持续的力量，只要不懈地努力，想要的结果就在不远处等着我们。

航天员在天宫课堂里说，科学家们也是一点一点地把不可能变为可能。也许，过个二十年，在天宫讲课的航天员会是你和我，让我们一起变得更优秀吧！

叶桐宇

出生年月：2008年9月

重要荣誉：

多届校三好学生及获得2022年度初中一部奖学金

江苏省青少年“诗词里的科学”挑战赛团体三等奖

江苏省2018年《时代学习报》母语核心素养读报用报活动一等奖

“书香校园”建设百家书香学子称号

校少先队优秀大队委

在2018年“百万少年争当江苏好少年”评选中，被评为“江苏好少年”

2021年，参加“颂建党百年，做时代新人”征文比赛，获得二等奖

师长评价：

叶桐宇，是一个令家长欣慰、令老师骄傲的女孩儿！她的性格温谨谦逊，与身边的每个人都相处得很好。勤奋好学，思维敏捷，文笔优美，课堂表现突出，各科成绩均名列前茅。桐宇做事认真仔细，尤其是善于领导同学、协助老师举办各类校团体大型活动，具有很好的组织协调能力。该生品学兼优，深得各科老师的赞许和认可，也是同学们学习和效仿的榜样。希望在今后的学习中，桐宇能够更加大胆地施展自己的才干，继续努力，成功永远偏爱勤奋者！

假如学习是一个大头目

学习这个词出自《论语》:“学而时习之,不亦说乎。”

善于学习的人和不善于学习的人,过着截然不同的生活。当一个人把学习融入他的生活之后,那么他的生活就会变得很充实;缺乏学习的生活,就算一开始再快乐,最终也会陷入空虚之中,因为没有人愿意接受一直在原地踏步、毫无长进的自己。就像一个故事中写的那样,真正的地狱也许并不是水深火热的,相反,它会让你所有物质上的愿望十分容易实现,但当那个进了地狱的人厌倦了这样的生活,想要找一份工作时,才意识到自己身在地狱。一开始感受到无尽的快乐,最终却要感受无尽的空虚,也许这才是真正的地狱吧。我所认为的学习,不仅仅只是看应试成绩,更是一种不断提升自我的生活方式,一种能让我感到幸福的生活方式。

我们从两种角度去分析学习。从广义的层面讲,是指人与动物在生活过程中,凭借经验产生的行为或显行为潜能的相对持久的变化;从狭义层面讲,它是一种通过阅读、听讲、研究、观察等手段获得知识或技能的过程,是一种能使人可以持续变化的行为方式。总而言之,学习是我们在社会生活中反复获得经验,以此来提升自己能力的一种手段,是能让我们在社会中生存下来的必经之途。

我所认为的学习是能够让我将来在社会上立足、提升自己的方式。

我们为什么要学习?

是因为我们不能被残酷的社会淘汰。我们置身于这样一个淘汰制的社会,就注定了要不断地学习,不断地上进,让自己过上想要的生活,让自己不因为没有一技之长而被社会抛弃。

学习是我们在一次又一次的尝试中去探索这个世界的奥秘,是我们在失败中汲取能量、向前迈进一步的灵感。

我小时候特别希望自己能成为一个考古学家,想去探索那些埋没于时间长河之中的古迹,想去探索那些前人的智慧,想去探索那些我们未曾触及的古人所经历的事情。我想总结过去的经验,那也许对我们的生活是有所启发的。

在开始做一切事情之前,我们都必须给自己一些动力。比如,在正式下定决心学习前,问自己一个问题:我是为了什么而学习?我每天打开英语练习册的时候,我会问自己为了什么而学习英语。是为了能跟更多人交流,获取更多的经验来充实自己,去探寻自己感兴趣的一些领域,挖掘自己的潜能。

不能定下心的同学们,可以试试这个方法,在开始动笔之前,先给自己三分钟的时间,好好思考一下是为了什么而学习。

我曾经试过,早晨5点起来,晚上10点睡觉,中间10多个小时,无休止地学习。我感到很疲惫,而且复盘的时候,发现没有效率,所以,一定要找到适合自己的学习方法。

我学习语文的方法是多看书,然后多去做一些旁批,遇到不懂的知识点就查阅资料;关于写作文,我的建议是多去摘抄自己感兴趣的文字,然后适当地模仿,把它变成自己的东西;学习数学、物理这种理科类科目,我的建议就是一定要利用好错题本,反复去巩固题型,哪里不会,就从哪里练起;英语就一定要开口多练,背单词是必须的,开口练也是必须的。

学习,一定要让自己有兴趣。比如,我很喜欢看英文音乐剧,我会摘抄下好的句子,然后去背,再把它们拆分重组,组成一些日常生活中的句子。在追美剧的时候,我也会去模仿演员的语音、语调。这些都是在兴趣之上建立起来的对自己有益的学习方式。

其实,大多数题目都有背后的一套逻辑。比如,做语文的阅读题,都是先抓住题目中的要点,然后分析出考点,最后结合答题模板来做题。

拿最常见的词语分析来说，首先就是找到修辞写作手法，然后解释词语的意思，再放到文章中解释，分析那些写作手法的作用，结合作者表露出的情感，最后上升到社会的现象以及道理。几乎全部的题背后都有一套规律，掌握那套规律后，再难的题也都可以被拆分，从而迎刃而解。

我们还要保证自律、高效地学习。在平时学习中，我会把自己当作世界的领导者，为了让我的国家国泰民安，我所能做的就是学习。语文是为了用正确、严谨的方式传达我的旨意，数学是为了锻炼我的逻辑思维而不被意欲谋反的大臣左右，英语是为了让我与别国的领导者交流等等。这样去想，作为领导者的我就会充满干劲，谁不希望成为一个人人簇拥的贤明君主？当然，在我完成一定量的功课后，我会去放松自己绷紧的神经。

说说考试吧。我也曾经因为考试的事情而难过、自责。

明明在考前，我已经复习完了所有的知识点，为什么考出来的分数不尽如人意？为什么明明会做的题，还出错？明明当时脑海中就是这么想的，可是为什么依旧会写错？很努力地在背诵，为什么还是记不住？每当这个时候，我就会陷入负面的情绪之中。

尤其在第一学期尝到年级第一的甜头之后，我就开始焦虑，害怕自己的下一次成绩不尽如人意。越是把自己的期望值拉得过高，越是容易崩盘。

在后续的三次大型考试中，我只能在年级第五上下徘徊，尽管我的平时成绩很好，但不管是哪场考试，我的神经都高度紧绷，一直在想着，要是考不好怎么办。在考试前，我都会让自己放松，但没什么用，我开始害怕考试、抵触考试，甚至开始逃避考试。

我的老师找我谈了好久，她告诉我，考试只是为了查漏补缺，人生中大大小小的考试数不胜数，如果每场考试我都这样子，那么，之后的我会陷入极度负面的情绪之中。我要尝试着去接纳，以平常心面对，把握考试，让自己驾驭考试，而不是给它机会折磨自己。大家不妨想象一下，假如自己是主角，而考试就是大头目，你已经受到高人指点，现在要做的，就是将考试这个穷凶极恶的大坏蛋打得服服帖帖，不敢再兴风作浪。

考试只是我们人生中必须要学习的一课。在紧张的学习过程中，我们要适当地给自己留白。比如写作文，我也曾经陷入过没有题材、写不出来的困境中。

那是一个夏夜，作文题目是《田野上的故事》。可是，我天天窝在家里，缺少生活经验，编都编不出来。当我认真去感受这个世界的时候，我发现了不一样。

那天夜里，我听到了蝉鸣。“云雀在枝头鸣叫，歌声飘向北方，那是来自南方最热烈的歌谣。”

为什么知了会叫？我想是因为夏天的浮躁，那一声声的鸣叫是夏夜最高级别的褒奖，就像是你来到一个紫罗兰花园，也会赞叹花儿的美妙。

那一夜聆听蝉鸣，就如同叫醒了沉睡的心灵。我已经很久没有如此静心地去书写一篇文章了。感谢这个夏夜唤醒了我遗留在记忆深处的愿望。

如果夏夜是一瓶香水的话，我希望是沁人心脾的果香，又希望是薄荷的香味，清凉而难忘。

如果夏夜是一瓶香水的话，那兴许是蓝色的，因为我感觉到了夏天无尽的力量。我想起了那一万六千亩倾倒众生的玫瑰，落寞且永生，永远处在一个叠加探索的空间里。我看到了夏天是浓墨重彩的油画，在这幅画完成之时，却又将一盆水泼在上面，将颜料染开，我想起了眼前模糊的一切，我想起了不可复制的犀牛。

如果夏天是一幅现实主义的画作，可我又不希望这样保留盛夏，那是现实却又虚幻的一幅作品，是热烈而经久的盛夏。

让我们去给生活留白，去感受那些我们之前遗忘过的美好。在这个时候，让我们自己放松下来，一会儿再去拾起笔，去做那些难题，说不定会有意想不到的收获。

其实，我们无时无刻不在学习，不管是主动的，还是被动的，因为学习就是一个成长的过程。你可以不喜欢书本的学习，因为人生不局限于书本，但你不能失去对学习的热忱。学习不是唯一的出路，但不学习就少了一条出路。

我写下这篇文章，是希望能帮助曾经和我一样在学习上迷茫过、无措过的人。我们终其一生,是为了成就更好的自己。即使是身处如此内卷的时代,离理想最近的手段,就是不再浮躁,拿起笔,写下你站在未来的某个节点,回过头,看见自己引以为傲的花样年华。

谨以此文,献给正在为灿烂未来学习的你们。

尹博石

出生年月：2008年8月

获得荣誉：

2022 年在学校的辩论大赛中获得亚军

2021 年在学校音乐剧比赛中荣获二等奖

2020 年在学校担任学生会卫生部部长，其间被评为优秀学生干部

2019 年获得中国音乐家协会钢琴八级证书

2018 年获得剑桥英语等级 PET 证书

2018 年获得美国数学大联盟二等奖

师长评价：

你是一个充满阳光的少年，笑容常挂在脸上，乐观就是你最好的注释；你是心中有爱的少年，在完善自我的同时，乐于帮助别人；你是腹中有才的少年，算得了奥数，弹得了钢琴，唱得了音乐剧，说得了英语，听得懂法语；你是个勇敢的少年，你自信、有力量，你眼中带光芒，上面的所有成绩都是你人生路上的小小里程碑，所有的一切都是你的付出和恩师们的浇灌孕育出来的。请你记得来路，感恩常相伴。古人云："满招损，谦受益。"学习的路和艺术的路从来都不是百米赛，同人生一样，都是马拉松。相信在未来，你可以继续仰望星空，心中有目标；脚踏实地，脚下有行动。读更多好书，懂更多的道理，在艺术和学业的路上，勇往直前，永不止步，成为更好的自己！

心怀灯塔，扬帆远航

在成长的道路上，我们心怀梦想，共勉希望，一起欣赏星星与月亮。这路上，有太多的艰辛，太多的荒唐，我们共同畅想，走向遥远的远方。我们共同成长，共同扬帆远航。

海岸与渡口

小学是每个人必经的生活之路，中学是我们的成长之路。在小学期间，我参加了很多的考试，也参加了无数的活动。船儿总是喜欢梦开始的地方，而我也不例外。小升初，是无数个家长的噩梦，也是我们最关键的时期之一，读好的初中是考入好高中的有利条件，它的重要性是不言而喻的。

那天是我小升初的唯一一次选拔，我抱着极大的希望，将自己的一点一滴都填写在了报名表上，在最后，一个英语视频拦住了我提交的手。我需要利用一分钟的时间，拍出一段英语视频。这对于当时的我来说，是一件很难的事情，因为我的英语不是很好，背诵能力更是差劲，我唯一能做的就是用翻译器写出视频的文稿。那个时候，说实话，我是不抱希望的。

当我写出稿子的时候，已经晚上 12 点了，我看着桌上的时钟，内心惆怅，我如何才能把这个东西背下来呢？第二天早上，我没有像以往一样赖床，而是早早地起来背稿子。我清楚自己的英语水平不行，但是我能做的，就是尽我所能地去做。时间一点一点地过去，我一遍又一遍地重复着，当我终于可以流畅地背出这篇演讲稿的时候，我笑了。视频，一遍拍好，上传后，顺利通过了。一个月后，我站在初中学校那高耸的大门前，看着朱红色的琉璃瓦、米白色的粉刷墙，我明白自己的新生活将在这个地方悄然开始。

大海总是这样，给了你希望，给了你依仗，也给了你动荡。

风暴与平静

在这所美丽的校园中，也有风浪。在成长的途中，我们总会遇到艰难与挫折，我的学习也是如此。在入学测试中，我的成绩在年级中很靠前，但是第一次期中考试严重地打击了我。我这一次考试的成绩是我完全没有想到的，没有进入我们班的前几名，这对于我来讲，是一次失败，一次重大的失败，其中的滋味，我是很清楚的，但是我相信，风暴过后，总会有彩虹。我开始了起早贪黑，我开始了每天早上只吃小卖部的面包，为未来的美好人生而努力。

政治和历史作为我的大敌，我对它们是充满畏惧的。我背也背不下来，学也学不懂，老师上课，我觉得索然无味，但是我心里清楚，我不能放弃。于是，我找老师背理论，做了满本子的笔记，画思维导图。依稀记得那天晚上已经到了 11 点半，我还在复习历史与政治老师给我的提纲，为提升自己的成绩而努力。终于，在老师的各种指导与自己的努力下，我考了 87 分。87 这个分数对于别人来讲，可能不是什么高分，但是对于我来讲，这真的是我最值得说出来的一件事了。因为我努力了，我付出了，最后我也得到了回报，这可能才是学习生涯中最快乐的时刻吧。那一次期中考试，我也考进了班级前7名。泪水、汗水、付出，最终都会变为笑颜，我喜欢这样的感觉。直挂云帆济沧海，搏击风浪，长风送过，我们终会在浪尖迎来辉煌。

彼岸与终点

花开彼岸，春暖花开。一切都是最好的安排，一切都是最好的结果。我有自己的目标，也有想要到达的地方。在第一次月考中，我只能说发挥稳定，但是根本算不上考得好。在期中考试中，我也没有最好地发挥，甚至有一点点退步，我的内心是不希望发生这种事情的。这两次考试都引发了我的深思，我反复地思考，我真的是因为不会，才拿的低分吗？真的是因为粗心，才拿的低分吗？这些思考，我都写在了自己的本子上面。

我们渴望着彼岸，也渴望终点，但是，奋斗的过程才是最有意思的。看着成绩一点一点地进步，我觉得快乐；看着跑1000米的速度越来越快，我觉得快乐；看着自己的排名一点一点往上走，我觉得快乐。最后，我希望自己可以考上心仪的高中，那样也很快乐。心中常怀梦想，未来才有动力，才有希望。扬起风帆，去远航。

夜深了，坐在海滩上，沐浴着月光。在睡梦中醒来，望着月亮，梦想在远方，飘飞的思绪随着风一同远航。在这成长的路上，我们永远不孤单，有星星、月亮、灯塔、风帆陪伴。船儿拨开迷雾，拨开风浪，无论如何，我们终将到达彼岸，终点永远在前方。我们坚强的心，会一直陪着我们飞翔。

周秩禾

出生年月：2009年12月

重要荣誉：

2017 年 6 月获得校级三好学生称号

2018 年 1 月获得校级优秀少先队中队干部称号

2020 年 8 月获得 ICAC 国际少儿美术大赛少儿组铜奖

2020 年 8 月 22 日，参加优而秀演讲训练营，以优异成绩结业

2021 年 7 月 10 日，参加“秀才辩论”训练营，获最佳辩手

师长评价：

秩禾是一个自我生长的孩子，只要给她提供合适的阳光、雨露、泥土……她就能自得其乐地生长。独立自主、善于思考、内心强大、乐观豁达，偶尔也会有些小情绪，但很快就被她抛在脑后。在一次次或快乐或痛苦的生命体验中，她读书、行走、演讲，并生出自己独特的智慧。既然孩子能够自我生长，不打扰就是做父母最大的温柔，我们继续努力。

一个教育流浪少年的自白

一般来说，人一生要上5所学校：幼儿园、小学、初中、高中、大学。我今年12岁，上初一，单从数量上来说，已经把别人一辈子要上的学校都上完了。因为，从幼儿园到初中，我一共上了8所学校，其中，幼儿园3所，小学5所。在大部分家长眼里，我和我的爸妈都不太靠谱，不然，也不能让我小小年纪就成了一个教育流浪者。

可谁的人生不是一场流浪呢？区别在于，有的人是自己选的，有的人是不得不服从。有得选，真是一件挺幸运的事儿。只是，没人能保证自己的每次选择都是对的，都是好的。就像我这一路的教育流浪，有对、有错，有乐、有苦……但是，有得选，我似乎已经比太多同龄人幸福了。

选：丁点儿大的小孩，就知道选贵的

在自己念过的8所学校里，只有第1个幼儿园是爸妈替我选的，他们的理由很简单，这家幼儿园离我家很近，过条马路就到了，纯粹就是图省事儿。结果，我只乖乖上了一个星期，再把我往幼儿园送的时候，我就会在门口磨蹭，一会儿要拉屎，一会儿肚子疼，一会儿要回家拿玩具，反正是死活不肯进园。妈妈说："你呀，是奶声奶气且无比坚定地不肯去。"问我，我就说："这个幼儿园不好玩，老师也不好玩，我不要去。”好像那个幼儿园的存在就是错的，没有长在我的审美上一样。我爸妈拗不过我，带我自己去选幼儿园，我果断选了几个幼儿园中最贵的那一个。看，一不小心就选了最贵的。不过，很显然，那个幼儿园我是真心喜欢的。老师说我进了幼儿园，就哭了两声儿，然后转身去玩玩具了，还有闲心哄别的孩子，说：“别哭了，放学了，妈妈就来接了。”

再选：这回居然选错了

在我换完3个幼儿园之后，我在我们当地的一个明星小学里面度过了平和、安稳且优秀的四年，每次小考大考的成绩都稳定地保持在班级前三。我没骄傲，我妈妈也没骄傲，但是每次去接我放学，都雄赳赳、气昂昂，走路带风。那四年，一切看起来都如此美好，我完美地扮演着其他家长眼里的“别人家的孩子”。

后来，我又转学了。起因是我妈妈把我送去上海的一个演讲训练营，开了眼界的孩子，总是有点儿不一样。因为，我发现这个训练营和我的学校不太一样，原来上课的时候不需要双腿并拢，不需要双手交叠、放在桌上，我们可以趴着上课、可以坐在地上听课、可以吃着零食上课，回答问题，不用举手，回答错了，不会挨批评……原来课堂可以是这个样子的，我太喜欢这里的课堂和老师了。四天过得很快，当我爸妈开车要把我从上海的训练营接回家时，一上车，我就哭了：“妈妈，我不要回家，我要在这里上学，我喜欢这里的老师和同学，我不要回去。”我爸妈很好奇：“宝贝儿，这个训练营只有四天三晚，没有长期的课程呀。你能跟爸爸妈妈说说为什么吗?”我哽咽着和我爸妈讲了一路，总时长2个小时，讲了什么，我已经不太记得了，只记得我妈妈老念叨我那时候说：“妈妈，我的学校就像是一个笼子，要求人一定要把手脚放在笼子里面。如果不小心伸出去一点点，就会被批评，被要求关回笼子里。那样的学校培养出来的是听话的、一模一样的孩子，可是，我不想长得和别人一模一样呀，我想长成我自己的样子。我不想被关在笼子里……”

我成功地说服了我爸妈，但错误地选择了一所学校。

选错的后果很严重：我被霸凌了

当时本地只有两家国际学校，我果断选了一个看起来符合我审美的，事实证明：我选错了。在这个学校，我遭受了校园霸凌，有图为证。

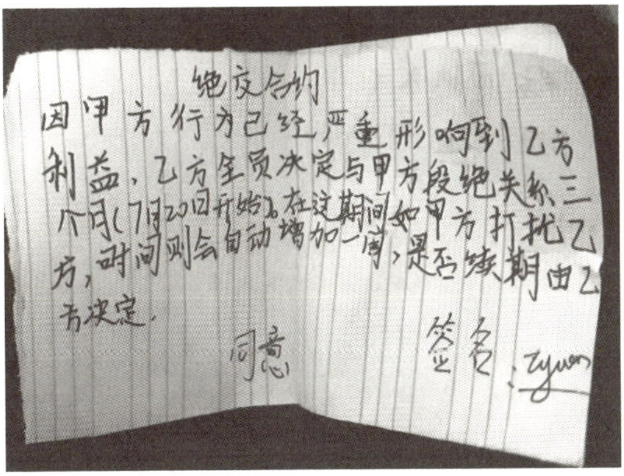
绝交合约

因甲方行为已经严重形响到乙方利益，乙方全员决定与甲方段绝关系三个月(7月20日开始)。在这期间如甲方打扰乙方，时间则会自动增加一周，是否续期由乙方决定。

同意　　签名：Zyuan

四个高大的女生围住我的桌子，给我递来这张纸条，其中几个偶尔看着我，窃窃私语几句，眼睛里满是猜疑和嫌弃。有的男生坐在自己的座位上窃笑，偶尔投来几道不怀好意的目光，在我身上停留了没两秒钟，便迅速地收了回去。老师在讲台上刷着短视频，声音开得不算小，时不时发出有些不合时宜的笑声，打破教室里的宁静。当时懦弱的我，只是愣了愣，有点木然地伸手接过这张所谓的“绝交合约”，什么都没说，默默地坐回了自己的座位。一时间，我都不知道该怎么反应，为什么她们要排挤我？为什么她们不相信我说的话？为什么她们可以嘻嘻哈哈地讨论我，甚至公然说我父母的坏话？

我想反抗，但是又不知道从何说起、从何做起，心里想着：算了，离开这个地方吧。没几天就要放暑假了，我就可以逃离这个地方了。

虽然这里有宏伟的建筑、漂亮的操场，还有令人尊敬又能讲一口英文的外籍校长，但即便初见时再吸引人，如今看也是不适合我的。我的隐忍和退让没有一丝一毫的效果，换来的是得寸进尺的欺负和孤立，换来的是老师的漠视，换来的是毫无根据的谣言。这些都让当时的我胆小又自卑，几乎就像只见不得光的老鼠，出了宿舍门，就要面对各种各样的不怀好意的目光。

如果让现在的我回到当时的场景中，我会毫不犹豫地反手给霸凌的人每人一巴掌，以此表明我的态度。“看看吧，这就是欺负我的下场！”我还会告诉当时那个懦弱的自己，你所有的退让和隐忍最终都会变成压弯你的稻草，都会变成刺向你的尖刀和利刃。在此，我呼吁所有正在被校园霸凌的同学，立即采取行动：向身边信任的人寻求帮助也好，像我一样，给他们来几拳也好，向那些霸凌者大声地说“不”。总之，用你能想到的一切方法去反抗！

又选：这一次，内心很快乐，却又很忐忑

我最终还是离开了那所学校。妈妈在得知我被霸凌后，第一时间找班主任要个说法，在发现学校不作为之后，我这位果断又勇敢的老妈，趁着假期，就带我去深圳、广州探访了两所创新学校。

最终，我选择了广州的一所创新学校，它也被称为中国的夏山学校，其实，严格来说，它似乎都不能被称为学校，因为这里没有传统的教室，没有排排坐的课桌，没有重复抄写的作业，没有考不完的考试，宿舍熄灯时间不是固定的，而是孩子们通过学生法庭，自己讨论出来的，这里甚至还贴心地给学生配了个电竞室，空间巨大、设施豪华的那种。去参观的时候，我发现，小伙伴有年龄小的，也有年龄大的，有的三三两两趴在地上玩儿，有的坐在一

旁弹吉他,也有的伙伴在摆弄着一堆电子元器件……但是,无论他们在干什么,都是从容而平和的,眼睛里亮亮地闪着光,没有被课表框住的孩子脸上才有的那种木然的表情。

不用写作业,不用考试,这简直是我心目中的天堂啊！呦吼,太棒了。在欢呼之余,我的内心泛起挥之不去的忐忑,毕竟这种类型的学校真的是我闻所未闻的,我对于接下来的生活很没底,我能处理好人际关系吗？这里会有人和我兴趣相投吗？如果在这里,我被欺负了,该怎么办？

"既来之,则安之。"我有强大的社交天赋,绝不是一次校园霸凌就可以把我打趴下的。果然,一个"社牛"总能找到合拍的朋友。有个姑娘在我后面也到了社区,她比我大,比我高,喜欢一个人躲在一旁,安静地画画。从看到她的第一眼,我就知道这就是我要找的朋友,而她似乎对于周围的一切都是淡淡的,有种清冷气息。于是,我开始采取盯人策略,她去哪儿,我就跟到哪;她画画儿,我就在一边儿看,总之就是黏着她。有一次,我像往常一样,死皮赖脸地跟着她,她却一反常态,猛地站了起来,什么都没拿,就冲了出去。我一看,下意识地站了起来,跟在她后面,追了出去。噔噔噔,我正跟得起劲,忽然她来了个急刹,害得我差点儿撞到她身上,我不知所措地伸手挠头,正打算解释几句,她转过头,看着我说:"你为什么要跟着我上厕所?"后面发生了什么,我已经不记得了,但那是我们第一次说话。

从那一天起,我们成了朋友,当然,其间有开心、有快乐,也会争吵、也会生气……但是,因为都喜欢画画,因为在一些问题上有相同的看法,我们成了意气相投的好闺蜜。

当传统学校的孩子在上课的时候,我和社区的孩子们穿行在城市的角落里,看书、看电影、行走。对,我们的课堂在户外,甚至在整个城市。当传统学校的孩子在写作业的时候,我在学习如何交到一个朋友,在学习和朋友相处时,也需要适当让步,不能太过强势。当传统学校的孩子在考试的时候,我和美术社的几个孩子踏上了前往大理学习的列车……就是这样,在这个一切以孩子为中心、极力让孩子成为更好的人的社区里,我无比肆意地生长着,觉得自己充满了力量。

妈妈说:“希望你做一个眼里有光、脸上有笑的孩子。”我觉得,我做到了,而这一切,源于我一路的选择,并为自己的选择负责。

在文章的开头,我说自己是一名教育流浪者,因为从公立学校——国际学校——创新社区,小小年纪的我,有着很多人可能一辈子都没有过的求学体验。这一切都源于我的家庭对我的理解和尊重,充分地给予我选择的自由。一个人如果被迫去流浪,那真的是流浪;而一个人如果是有选择地迎难而上,可能,把我叫作“一个教育的冲浪者”会更贴切吧！有一本书叫《成长的一万种可能》,我觉得除了传统教育,或许还会有很多别的成长的道路,别停下探索的脚步,去发现、去挑战吧！

第二章

运动使人奋进

黄可尔

出生年月：2007年7月

重要荣誉：

2021 年上海市青少年射击锦标赛·男女飞碟双向团体(乙组)第一名

2021 年上海市青少年射击锦标赛·女子飞碟双向 75 靶(乙组)第二名

师长评价：

在我眼里，黄可尔同学是一个让人很放心的孩子。你不用担心她会吃不饱、穿不暖和睡不好，她知道如何把自己照顾好，不让自己受委屈。

我是神枪手

意外进入预备役

射击这项运动的要求很高，但我的加入源自一个意外。

在我四年级的一节体育课上，两位区少体校的射击教练来选人。这是件新鲜事，体育好苗子们都是直升体校，没见过哪个体育项目的教练下来选拔种子选手的啊。

当时各科成绩都一般的我，正想寻找一个喜欢的体育项目，另辟蹊径。我碰巧遇上选拔，又是帅气的步枪，于是我果断递上自己的报名表。

报名参加选拔的同学非常多，周末爸爸陪我到少体校的射击馆时，门口已经有乌泱泱的人了。从这么多人里面选拔 50 人进入预备役，我顿时觉得希望渺茫！

测试环节比较特殊，选手站在指定位置，举起气步枪，向 10 米靶打 10 发子弹。虽然规则像极了城市步行街里面的打靶游戏，但设备的专业度和场馆环境好太多了！待选手打完，教练会上前去看一看密度，如果 10 发能在一个洞里面，那你就是天赋型选手。

对于这个比赛规则，我在第一轮选拔时，还是不太清楚的。站在指定位置后，我没听明白瞄准要怎么瞄，所以这10枪，1枪都没打在靶纸上，教练用一种“太离谱了”的眼神看着我，要知道只要你懂如何瞄准，怎么都会打到靶纸上的。于是教练又给我示范了一遍打法，告诉我应该从哪个地方瞄准等等。意外获得的第二次机会让我顺利地进入了步枪队预备役。

第一次参加比赛

自从在奥运会看到了射击项目的比赛，我就一直念叨各位冠军的名字，奈何射击可不是田径这种能轻易接触到的运动项目。幸运的是，这次我居然要近距离地接触这个帅气的运动项目。

步枪分为气步枪和口径步枪两种，口径步枪更复杂些。作为小白，教练先带我们练习气步枪。教练是专业运动员出身，听说还是国家级运动员，非常有耐心地教我们装枪、装弹、安全射击。他说步枪要打好，首先要稳，肩窝、左手、手肘共同构成一个稳定的三角形，能减少射击时的颤动。随着各种姿势和动作越来越标准，我的射击分数在短时间内大大提高。

作为每周只训练两次的预备役运动员，我的作息还是按照小学生的来，只有放学早的周一下午和周日可以去训练。每次举起步枪，吸气抬、呼气下，屏息瞄准，Shoot（射击）！一套动作下来特别放松！

经过日复一日的训练，半年后，我们去打了第一场正式赛，也是我人生当中第一次参加步枪比赛。一共20发子弹，总成绩是176.8环，虽然对现在的我来说，当时的成绩很差，但是对第一次参加比赛的我而言，已经非常满意了，毕竟在一起训练的几个小朋友里面，我是高分选手呢。

在这次比赛之后，就来到了暑假，我也从预备役正式进入了少体校。记得在面试时，少体校的三位校长提出了2个问题：“你喜欢射击这个项目吗？觉得射击怎么样？”最简单的问题，却最难回答。为什么喜欢呢？因为看到射击冠军的奖牌而受鼓舞？因为射击成绩令我斗志昂扬？还是因为喜欢看到自己英姿飒爽的一面？我已经忘了当时是如何回答的，但这两个问题一直留在我的心里，没有忘记。

射击比赛失利

正式进入少体校后，虽然项目没变，但我身边一起训练的老友换了一批。之前预备役的几位同学，因为家里人不同意走体育的路而终止了训练。我一边替他们遗憾，一边坚定了自己的选择。

在各种体育项目中，射击应该是最轻松、最不容易受伤的了。作为一名国家注册运动员，每天下午两个小时的正规训练是必须完成的，比较有挑战性的是这两个小时的跑跳训练。每天出早训的时间是6 点 10 分，各个运动队的全员到操场上做准备，如果迟到，还会罚跑。刚刚进入少体校的我不敢迟到，每天早上还迷瞪着眼睛，就赶紧爬出被窝。刚开始是跟着学长学姐们跑，一路狂追。当时的体能真是差，跟着他们一圈都跑不下来。后来，教练就让我们几个小朋友自己跑，由几人中跑得最快的那位同学带队跑步。

大型比赛以每年 2 场的频率进行着，但是我个人的成绩始终没有特别出彩，而且有段时间重复出现同一个问题：10 发子弹打出去，经常是前 9 发都不错，但最后 1 发打歪了，导致密集度很低，分数也不高。这让我难免有些着急。

我偶尔拿过奖，但只是团体奖。我们小组三人，另外两个队员都很厉害！虽然我比他们练习得早，但他们有天赋、有悟性，所以我的成绩总是比他俩落后很多。

2018 年，我迎来了运动员生涯的第一次大赛——上海市运动会。第一次参加这种大赛，我的心情是非常紧张的，就算赛前有体训处的专业老师带我们做了一个缓解紧张心情的游戏，但我还是抑制不住内心的紧张。

射击是极其需要保持冷静、专注的项目。面对强劲的对手们，我心里开始发怵。在这样紧张的情绪下，我的比赛成绩很差，20 发只打了大概 190 环。本来自己打得烂就容易心态不稳，我打完看看左右选手出色的成绩，就更加紧张，开始手抖，最终我不仅没拿到个人名次，还给三人团体拖了后腿。如果我当时打到 195 环以上，估计可以拿到一块团体金牌。

人生不是电影，从来没有重拍，所以不管怎么样，分数低的事实是摆在眼前了。虽然接受结果容易，但这之后，我对于步枪训练一直有种畏难心态：好难啊，这样怎么能上二线？要不还是回原来的学校好好读书去吧，说不定还能好一点。

成为飞碟射击选手

7 年级期末的时候，体校的飞碟射击项目来了新教练，步枪教练建议我去试试打飞碟，找找信心。我的反应快，用双管猎枪打飞碟，可以发挥我的长处。在经过步枪教练、爸爸、我三方的讨论后，我决定转项，转到了飞碟射击项目，并练习其中的双向项目。

双向飞碟射击是碟靶从左右两台抛靶机里抛出飞碟，射手用双管猎枪打，慢慢练出射击的手感。记得我第一次去飞碟靶场的时候，一打子弹，疏于训练的问题就都暴露出来了，比如说，肩膀没抵紧、后坐力打得锁骨特别疼等等。客观难题是场馆太远，而飞碟需要实弹体验，场馆能容纳的人数又有限，所以练习的机会很少。

到了寒假的时候，我们有了大把时间，可以去射击中心的靶场训练，于是我每天都去打子弹，然后不断找出自己动作上的一些缺点，并不断改进。本来以为这样的话，应该在比赛时能拿到好成绩吧。可没过多久，疫情就来了。待在家里上网课期间，所有的训练都停了，所以这刚刚找到的感觉，也没有保持很久。因为疫情，我很长一段时间只能待在训练馆里面进行空枪训练。就在这样的情况下，我还是报名了11月份的比赛。

一听到要比赛，我又开始发慌了，教练对我说了一番话："你们打比赛，我不要求你们拿名次，只要拿出平常训练的那种状态就可以了。你们可以紧张，但是千万别慌张。"

心态的放松对比赛有很大的帮助。第一组25发，打中了6发，对于当时只学了1号、7号靶位的我来说，已经算不错的了（因为1号、7号靶位是最简单的，所以初学者都是从这两个靶位开始学习的）。第二组的25发，我稍微调整了心态，这回的成绩比第一组好，打中了7发。

虽然这两组的成绩对于别人来说不怎么样，但是我觉得只要比上一组打得好，就是一个小成功。到了第三组，我彻底放松啦，觉得比赛也不过如此，完全没有紧张的心态了。这次创下了我个人的新纪录，打中了13发！对于只学了两个靶位的我而言，是超常发挥了！看着这组成绩，我有种被认可的感觉！

打完这三组之后，我就回到大休息室去玩游戏了，算是比赛之后的一种放松吧！这时，教练和队友们欢呼着走过来，告诉我："你拿了并列第5名！"

打成这样，竟然还能拿到名次？对我来说，这是我飞碟生涯，乃至整个少体校生涯所获得的第一个个人名次！拿第几名对我来说，倒真没那么重要啦。

后来，我还参加了低年龄组的职业比赛，学会调整心态后，比赛中的我没有特别紧张。好的心态让射手更放松，能轻松应对一些突发情况。这次，我以75发65中的成绩，拿到了2021年上海市射击射箭锦标赛飞碟（双向）（乙组）的第二名！

在这之后的比赛，我不再关心别的选手出道多少年，看到强劲的选手也不会胆怯和退缩。只要平日多积累，成绩一定会踏踏实实往上走。

在我们的人生中，可能会遇到很多的挑战，去面对它们，就像打比赛一样。即便第一次的成绩不是很理想，只要总结教训，在第二次比赛的时候，不和别人比，跟自己比，最后这个成绩你自己认可了，那就是成功！

很多的体育项目都是如此，大家都在同一条赛道上，但每个人的目标和到达的境界不同，我们在不断的受挫、思考中重新来过。我想这就是运动精神对我们的激励和鼓舞。

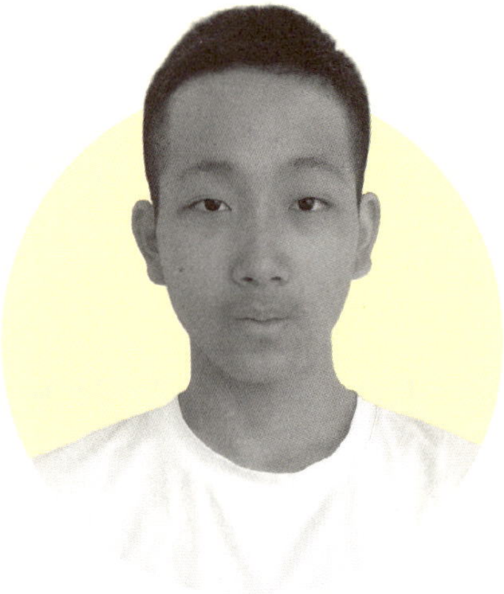

金圣谕

出生年月：2006年1月

在人生旅途中，总有一次经历是刻骨铭心、令人终生难忘的。

千里骑行路，铁血父子兵

一场骑行，经历了九百三十公里的险峻；

一次穿越，体验了七天的自我赶超；

一轮涅槃，获得了苦难铸就辉煌的领悟。

小学毕业的那一年暑假，我和爸爸筹划了一次前所未有的骑行——从奶奶家骑到姥姥家，即从西安骑到四川彭州。那次骑行，是我们父子为期七天的脱胎换骨与涅槃重生。

夜宿陈河乡，条件虽苦，难挡父子意志坚定

第一天早上 5 点起床，简单地吃了早餐、收拾行囊后，6 点出发。

前面的骑行都是十分顺利的，双脚如同马踏飞燕，十分轻松。一百多公里的道路一马平川，畅通无阻。我和爸爸基本在同一踏频下向前行驶，我的视野里只留下了远方的道路和路旁一闪而过的片片树荫。

终于，我们到了当天晚上的目的地——陈河乡。这是一个小村子，没有宾馆，没有高端设施，甚至没有一个像样的洗手间。出了一身的汗，没有地

方可以冲洗一下，我的心里暗暗地嫌弃这个脏乱差的地方。

夜间，气温降了下来，我让爸爸把外套披到身上。这时，爸爸端给我一盆水，示意我把袜子脱了。我让他先洗，他拗不过我，只好坐了下来。透过月光，我才看清了爸爸的样子：被头盔压得乱糟糟的头发、脸上又黑又脏的汗渍和灰尘、疲劳不堪的眼神……是啊，他的体力怎么能和我这个小伙子相比呢？我终于知道为什么我和爸爸骑得不相上下了：他为了不拖我的后腿，一直努力地去做我的榜样。一丝愧疚不觉荡漾在我心中。

我们要到卧室里去休息了。通向二层的是一个小门，我们弯着腰，才勉强可以通过，然后，看见一个木梯子搭在阁楼上。我苦笑着看着爸爸，他说："有这条件很不错啦，我小时候就是在这种环境中长大的。"

我们小心翼翼地爬上阁楼，梯子发出咯吱咯吱的响声。眼前的景象我至今记忆犹新：房顶上盖的是一层牛皮纸和防水的蛇皮麻袋，一旁房顶上还绑着晒干的腊肉。阁楼里只有两个架子床，透过小窗子，一抹亮光照了进来。

我和爸爸径直走向床，一头栽进被窝里，进入了梦乡。

翻秦岭，落日余晖点亮生命之光

第二天早上，明亮的阳光钻进小窗子，照射在我的脸上，冷冷的空气冻得我直哆嗦。

睁开眼，爸爸不见了。我穿好骑行服后，下楼去找他，发现他正卖力地给车胎打气呢。爸爸看了看我，说："今天的任务十分艰巨，要从马召镇骑到金水镇，共一百五十公里。快去吃早饭，今天需要完成一个壮举——翻越秦岭。"

关于秦岭的陡峭与艰险，我之前有所耳闻，不停地骑行攀升，直至海拔两千两百多米，这与前一天平坦的道路相比，真是一个巨大的挑战。

我熟练地骑上车，大腿阵阵酸痛，屁股与车座长时间的摩擦使我不得不站起来蹬自行车，减少与车座的接触。就在这时，爸爸突然骑到了我的前面，他卖力骑车，左摇右晃，逗得我笑出了声。我再次蹬了起来，努力追上他。慢慢上坡，坡上植被茂密。

我紧随着爸爸的车，靠着右侧行驶，盘旋的山路有种静谧且神秘的感觉。这里少了一份闹市的喧嚣，多了一份清闲安静的舒适。

秦岭深处仿佛与世隔绝，节奏慢了下来。知了、麻雀，各种婉转啁啾的声音，从树林深处一声接一声地传出来，落在草叶殷勤的怀抱里，落在不断滚动的车轮上，落在我们的耳郭里……合成了大自然的天籁。我们骑行在仙境中，身体的劳累早已算不上什么了，爸爸似乎也陶醉于其中。

但我们并没因美景而止住脚步。随着山坡的渐渐陡峭，我们的速度减缓了许多，甚至寸步难蹬，站起来蹬都开始费劲。一看码表，坡度显示为百分之十七点三，我们只能无奈地推着车走。

推车行走虽然速度慢，但是走得很轻松。过一会，我回过头，发现爸爸没跟上，才想起来他的车上还放着我们的行李，比我的车要重几十斤呢，于是，我急忙往回走，终于在转弯处找到他。

因为我当时有些虚胖，走两步就要休息，再加之海拔的升高，我从昨天的“将军”秒变为打了败仗的“逃兵”，没了继续向前的动力。还有十七千米就到山顶了，但我知道，上坡的十七千米够我们走一下午，我瘫坐在地上，一动都不想动了。

爸爸在前面慢悠悠地走着，“你骑不动了，那咱原路返回吧”。我鼓起了劲，推着车，向上冲去，爸爸被我的样子逗笑了。

我们穿越了最后一个隧道，晚上六点半，到达了顶峰，“会当凌绝顶，一览众山小”，风景就在脚下。“气温骤降，快去穿衣服。”爸爸亲切地说道。因为骑行包小的原因，我们只带了一身外衣，爸爸让我赶紧穿上。

从上往下看，曲折盘旋，山脊突起，阴阳分明，雾境弥漫，恰如仙境。今天必须要赶在天黑之前到达山下，我们要在短短一小时内，骑下山坡。想到山下有酒店、有餐厅、有服务站，我们重整旗鼓，开始滑行下山。爸爸在前压低我们的速度，虽然一路下坡，但是需要全神贯注，一直轻点刹车，避免发生危险。

寒风肆无忌惮地吹着我的脸，钻入裤子里，刺入骨头里。寒冷的风冻僵了我的手，我看着前面仍穿短袖的爸爸，他佝偻着腰，眼睛注视着前方。

秦岭上现在似乎就只剩下了我们两个人，落日余晖，那几丝残阳似在等着我们一样，要一直为我们照亮前方的道路，夕阳为那朵白云奉献出自己生命中最后的光芒。天空暗淡下来，我们也刚好进入了繁华的街道。

街道上灯火通明，这让我和爸爸瞬间感到了温暖，不再像前一天那样孤独和冷清。我们品尝到了当地的特色美食。这时的我和爸爸，像刚刚下山的僧人，被这烟火气感染了，一天的酸痛与劳累抛到脑后，明天仿佛是重生的一天。

破晓赴勉县，身心俱疲，依然勇往直前

第三天，我和爸爸在吃过早餐后，整装待发。今天的目标是从金水镇到勉县，骑行一百二十公里。六点半，我们出发了。

今天的腿显得异常酸痛、乏力，前面都是平坦的路段，但平均速度只有十五千米每小时。按这个速度下来，今天是绝对到不了的。我慢慢没有了劲儿，路途遥远，望不到尽头，一个缓坡几乎耗尽了我所剩无几的体力。爸爸仍不停地扭动着身体，一会站起，一会重心向前倾斜，紧握住把手，不停地调整发力动作和姿势，安全帽已向左倾斜。他时不时转过头看我，我只是费力地埋着头骑，渐渐地因身体过度劳累，我再也骑不动了。

我将车骑向草地，平躺在草丛里，仰望天空。过路的汽车、自行车的鸣笛声干扰着我烦躁的内心，此时的我只想躺平。不知什么时候，爸爸也躺到

了我身边。不经意间,我的衣服被他的袖口浸湿。我扭过头去,看到爸爸脸上豆大的汗珠、脏兮兮的骑行服,还有脸上被头盔勒出来的印痕……爸爸眼神坚定地看着我,脸上露出一抹笑容,摸了摸我的后脑勺,说:“小伙儿,就这点能耐?”又见他迅速起身,一跃而起,但胖胖的身体没有找到平衡,一个趔趄,差点摔倒,笨拙的动作成了我们此刻的快乐源泉。

“是啊,不可能就此轻易放弃。”我的内心响起一个声音。看着爸爸骑上单车,渐渐消失在路的尽头,我抬起头,烈日刺得人睁不开眼,我向前冲去,只有克服了自身的恐惧和气馁,才有机会成功。

携手破极限,努力坚持,终会馥郁飘香

第四天从勉县到宁强,一路奋进。

第五天从宁强至普安,成功打破一百五十千米的极限,创造了这几天最远的骑行纪录。

第六天,爸爸仍与我左右相伴,互帮互助,似兄弟,又像伴我同行的好榜样,教我克服身体的不适,不断历练我的意志。

最后一天是最有动力的。从绵阳出发,到彭州,这是离成功最近的一次骑行,我想骑得快些,更快些,再快些。

直到还有一千米时,我突然发现左手边有一辆车的窗户开着,有人正在录像,原来是妈妈来迎接我们啦。停车后,我接过妈妈手里的花,将花送给了爸爸。他一句话也没有说,喜极而泣,我的鼻子也酸酸的。妈妈,且听我给你细细道来……

你见过什么样的秦岭?是九百三十公里的辽阔,是七天用车轮丈量的诚意,是负重前行的考验,是父爱如山的最美诠释。

结束语

在人生旅途中，总有一些经历是刻骨铭心、终生难忘的。

这次骑行让我懂得了坚强、勇敢、永不言弃，才能到达顶峰；“不经一番寒彻骨，怎得梅花扑鼻香。”唯有执着生长，才会馥郁飘香；只有经历了“山重水复疑无路”的困难，才会收获“柳暗花明又一村”的惊喜。这次骑行是人生中最好的一堂课，每当我在学习中迷失、彷徨时，总会回忆起翻越秦岭的经历，在它的激励下，我勇往直前，努力走好初高中每一条铺满荆棘的道路。

回首来时路，雄关漫道真如铁；且看脚下路，而今迈步从头越。

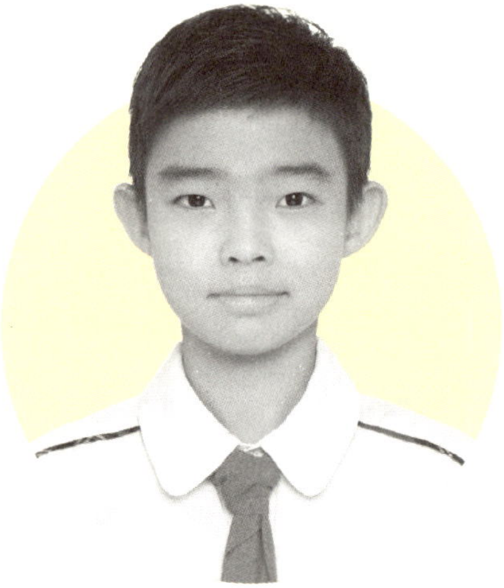

李希仁

出生年月：2013年9月

获得荣誉：

2021 年 7 月获得第五届中央音乐学院全国青少年艺术展演(市级)器乐类金奖

2021 年 7 月获得第 14 届上海国际青少年钢琴大赛(广州赛区)一等奖

2021 年 8 月获得珠江凯恺堡国际青少年钢琴大赛(广州)一等奖

2021 年 12 月获得“华艺杯”北京国际青少年钢琴艺术周特金奖

2022 年 1 月获得第十届施坦威全国青少年钢琴比赛规定曲目组广州决赛一等奖

2022 年 5 月获得天河区教育局“天河之春”美育节器乐比赛一等奖

2022 年 5 月获得榜样少年艺术展演总决赛(钢琴组)一等奖

2022 年 6 月获得新时代出彩少年全国少年器乐专场展演金奖

2022 年 7 月获得第十二届中国小金钟音乐大赛广州决赛钢琴金奖

2021 年 10 月获得广州市“红领巾奖章”个人三星章

师长评价：

李希仁人如其名，是个正直、善良的孩子。他热爱音乐，对音乐充满思考，富有创造力，不但会一本正经地演奏古典音乐，还喜欢尝试各种音乐表现形式以及音乐创作。他立志要成为一个弹琴还不错的音乐创作人。

坚定选择，不放弃

我是李希仁，就读于华景小学。我是一个体育小达人，我得过年级跳绳第二名、坐立体前屈第一名。我还是一个音乐爱好者，虽然每天练习钢琴的时间不多，但我特别专注，所以练琴效率很高，对于一首新曲子，我很快就能上手。我拿过十几个钢琴比赛的金奖，还学习了钢琴创编，自己创作了《小小少年变奏曲》《动物狂欢会》《小波波不吃的一个小榴莲》等多首乐曲。我还喜欢玩乐高，每次都会用乐高小人创作出有趣的乐高电影。

大家看了我的自我介绍，一定会觉得我是一个喜欢音乐的人吧！没错，我确实很喜欢音乐，但除了音乐之外，我也很喜欢运动。说到运动，我想很多人对运动又爱又恨，因为总有些人喜欢运动过后大汗淋漓的感觉，也有些人觉得运动太辛苦，还是躺着最舒服。其实大家对运动的看法各不相同，也各有各的理解。在众多运动当中，你最喜欢什么运动？我想每个人对运动的喜好也是不一样的，有些人喜欢竞技类运动，有些人喜欢球类运动等等，我自己最喜欢的运动是打篮球，因为篮球让我懂得了很多道理，也让我充满了力量和勇气。篮球像一位老朋友一样告诉我：坚定选择，不放弃。

在我4岁的时候，我收到了一个快递，里面是个篮球。当时我不知道篮球是个什么东西，我把它拿了起来，端详了很久。我觉得有些无聊，就又把篮球放了下去，一不小心，太过用力，球弹了起来，直接打到了我的头。“篮球，你干什么？”我生气地问道。我听不到篮球的回答，四周鸦雀无声，也没有任何人回答我的问题。“篮球，你干什么？”我第二次问道，依然生气，但是篮球还是没有回答。正当我要开始愤怒的时候，妈妈一边从房间里走出来，一边笑呵呵地对我说：“希宝，你一定知道它是篮球了。”我说：“是的！我知道它是篮球，但是它打了我，还不理我，也不回答我的问题。”“哈哈哈。”妈妈可能是被我的天真无邪可爱打动了，于是笑了几声，说道：“篮球不是人，是一个球，跟你玩的玩具有点儿像，都不会回答你的问题，但篮球跟其他的玩具不一样，打篮球是一种运动，你和篮球相处，会增强你的体魄，所以，篮球对你一点儿害处也没有，反而对你有好处，甚至可以说是你的朋友。”

我听到这，似懂非懂地看了看妈妈，妈妈接着说：“妈妈希望你打篮球，就是希望有一项运动可以始终陪伴你、帮助你。其他的运动，妈妈不是很喜欢，比如，踢足球可能会伤脚，打排球可能会伤手，只有篮球相对来说要好一些，还有助于你的成长发育，我想篮球才是最适合你的。不过，你要记住，篮球不是你的敌人，而是你的朋友。你应该珍惜它，而不能伤害它。”

妈妈讲完之后，我转头再看向刚才打到我的篮球，似乎听到篮球说：“嗯嗯，是的，我是你的朋友。”突然之间，我好像明白了一个妈妈总跟我提起的道理：“你如果对别人好，别人就会对你好；但如果你对别人不好，别人也就会对你不好了。一定要学会将心比心。”

我看了看妈妈，又看了看篮球，那一刻，我决定要好好对待它。

当我 5 岁的时候，我真正开始学打篮球了，这是一件很让我激动的事情。起初，我非常期待，但是一开始总是打不好，别人投球 10 个，可以进 8 个；我投球 20 个，却只能进三四个；别人投球 50 个，可以进 30 多个；我投球 100 个，只能进十几个。别的队员总是笑话我篮球打得很烂，我听了后，觉得很伤心，心想：明明我已经很努力了，别人为什么还笑话我？我的内心萌生了一个前所未有的想法，我想取笑那些取笑我的人，这可能是出于我的好胜心，可是，我并不厉害，根本就没有任何资格笑话其他人。我真的越想越伤心。

终于，有一天，在他们再次取笑我之后，我实在忍不住了，跑到妈妈面前，说道：“我那个班的几个小孩儿总是说我，说我篮球打得很差，弄得我哑口无言。我不想被他们说，但是我确实打得不好，我该怎么办？我好想驳回他们呀。”

妈妈听了我的话，说：“那就这样吧，既然你有这样的决心，我们就更加努力一点，好不好？”

我问：“怎么努力呢？”

妈妈：“你怕不怕辛苦？”

我：“……”

妈妈：“那你想继续被取笑嘛？”

我：“当然不想。”

妈妈：“那我们就更加努力一些，就可以获得别人的尊重而不是取笑了，你说好不好？”

我：“好，妈妈，那我们怎么努力？”

妈妈：“我们先把练习的时间延长，现在我们每天只练习40分钟，那之后每周一到周五练球一个半小时，周六周日练球三个小时。你觉得行不行？”

我：“好，我一定行！”

于是，从那天起，我每天都练球，天天这样坚持下来，我不再被同班的同学取笑了，而且教练看我进步这么大，又这么努力，篮球水平也有很大提高，于是将我从强化班升级到了一个更高水平的班级——实战班。

在去之前，我就听说实战班比强化班厉害很多，我心想，我练习得这么刻苦，一定会有好的结果的，但是现实跟我想象的并不一样，实战班的小朋友真的好厉害呀！刚从强化班来到实战班的我，又被实战班的同学取笑了，我的水平在实战班中显然是不行的。这次，我还想不被取笑，我还想获得尊重，我还想变得更厉害。

但我这一次没有找妈妈，而是决定自己想办法，让自己变得更厉害。于是，我每天加练，从之前的每天练习一个半小时到后来的每周一到周五练球三小时、每周末练球五小时，很显然，这个决定是非常痛苦的，因为打篮球不是我的全部，只是我生活的一部分，我还有很多作业要写。为了既能兼顾学习，又能有充足的时间练球，我每天都要求自己更加认真地听课，因为这样，作业完成得也快。我的想法很简单,我想快点儿写完作业,这样也让妈妈放心。没想到,这个决定不仅提高了写作业的效率,还提高了篮球水平,真的是一举两得。

通过我如此刻苦的训练,我再一次获得了教练和同学们的尊重,现在没有人再取笑我了,这是篮球带给我的力量,让我坚定选择,从不放弃。虽然,在这之后,我也遇见了各种各样的问题,但是每当我想起自己每天坚持练习、获得赞赏的样子,我就觉得没有什么可以打倒我,我是永远也不会放弃的。

希望大家也有自己喜欢的一项运动,并为这项运动付出努力和汗水,因为运动不会辜负你,你自己更不会辜负自己。

罗皓腾

出生年月：2007年9月

重要荣誉：

2021年获得IBKO极真全接触川陕青少年空手道大赛男子组第一名

2021年获得IBKO极真全接触川陕青少年空手道大赛型赛第二名

在第十三届中学生数理化综合实践活动·基础知识展示中，获得陕西地区七年级数学学科三等奖

2021年，在第一届功夫盛宴中，荣获“功夫明星”称号

青春赞歌

是否很多人都和我一样，有着同样的疑问：青春到底是什么？

我想这个问题就和一道数学思考探究题一般，没有标准答案，任何人都有自己对青春的无限遐想。

军人说："以身躯保卫祖国，以热血浇灌青春。"

作家说："以文字谱写经典，以笔墨挥洒青春。"

诗人说："白日放歌须纵酒，青春作伴好还乡。"

我说："青春是由生活中那些难忘的有寓意的一点一滴所组成的。"

青春之悟

刚到初中，一切都感觉不一样了，新增的学科、多元化的社团以及新班级的新老师和新同学，我感觉空气中都飘着一缕清香，就连那不胜其烦的鸟鸣，也变得清脆悦耳。

除了要适应新的环境，我们还要学习新科目。我最苦恼的科目就是道法了，不仅十分难背，而且难以理解。

想要学好道法科目，不仅要在课上认真听，理解、吃透每一个知识点，更重要的是要在课下努力，多多背诵。可是我没有做到后者，所以道法成绩不好，慢慢地就不愿学这门科目。

期末考试离我越来越近。如果期末考试的道法考砸了，这个年就过不好，于是，我就想起了歪点子：在考试的时候，把小抄放在兜里，在考试中途，去厕所看几眼小抄。

终于到了考试的时间，我中途申请去了厕所。当我正准备看小抄的时候，听到一阵脚步声，小抄还没来得及收起来，就被老师现场抓获。

老师勃然大怒，直接把我的小抄撕了个粉碎。我吓得魂飞魄散，两条腿已然发软，甚至不敢抬头去看老师的眼睛。老师把我带回了教室，回到座位上，我才发现身上冷汗直流。

后来，我被学校通报批评了。老师把这件事告诉了父母，但是，让我惊讶的是，父母并没有打骂我，只是脸色铁青地让我自己反省。

看到他们眼睛中流露出来的失望，我的心如刀绞般疼痛。这时，我才幡然醒悟，原来成功永远都不是靠走捷径走出来的，而是脚踏实地，一步一个脚印地走出来的。即使这次蒙混过关，到头来，害的还是我自己。

我也终于理解了那句话："书山有路勤为径，学海无涯苦作舟。"

青春之殇

在这个散发着无限活力的青春岁月中，你也一定和我一样，崇拜过偶像。喜欢偶像的理由有成千上万个，可能是因为他们唱歌很好听，可能是因为他们长得十分帅气，也可能是因为他们有运动天赋。

有一天，我在客厅喝水，爸爸正在看他最喜欢的篮球比赛。我瞥了一眼电视，看到一个篮球以优美的弧线进入了篮筐。那一刻，我的心像被什么东西撞了一下，十分激动，差点就和主场球迷一样欢呼起来。

投进那个球的人，身穿24号紫金色球服，后来，我才知道，他就是科比·布莱恩特。那一瞥，将我带进了一个全新的世界。我开始看他的比赛，买同号球衣，学他的招式，买他的海报……

我一天天地长大，球技也越来越好，而科比却越来越老。2016年4月14日，科比打完湖人队VS爵士队的那场比赛后，就会退役。

虽然即将退役，他却越发骁勇善战，一次次打进关键球。在最后时刻，科比连续单打成功，带领他效力了20年的湖人队逆转爵士队。全场比赛结束，科比50投22中，狂砍60分。

当他在退役演讲中说出最后那句"Mamba out(曼巴下线！曼巴为科比的绰号)!"时，我没有哭，反而为他感到无比自豪和骄傲，因为他那坚定的眼神和曼巴精神从未改变。

可惜天妒英才，2020年1月26日，科比在美国直升机坠落事故中遇难。这一次我哭了，哭得撕心裂肺。我想，是不是老天觉得洛杉矶凌晨4点的打篮球声音太嘈杂，所以把他带走了？他带走了我的整个青春，也成为我青春里永远的遗憾。

我还记得，他在退役演讲时，说道："我的三个女儿，我希望她们明白，那些早起的时光，那些努力工作的时光，那些熬夜的时光、努力学习的时光，那些你感觉自己没有在努力工作、感觉太疲惫的时光，那些你不想再逼迫自己，但还是选择继续那样做的时光，那都是追寻梦想的意义。"

是的，我们每个人都应该找到追寻梦想的意义。

青春之冠

"卧似一张弓，站似一棵松，不动不摇坐如钟，走路一阵风。南拳和北腿，少林武当功，太极八卦连环掌，中华有神功。"

这是《中国功夫》的歌词，相信也是很多男孩子心中的武侠梦，总想着自己会“一阳指”“蛤蟆功”，或者偶得《九阳真经》，成为世外高人，在国家危难之际，挺身而出，力挽狂澜，扶大厦于将倾，最后潇洒离去，成为百姓饭后聊天的主角。

是的，我也不例外。我缠着妈妈去给我报了个班，我报的既不是跆拳道，也不是太极拳，而是空手道。空手道，顾名思义是赤手空拳的搏击，一拳一腿尽显空手道的奥妙之处。

刚开始学时，我的身材微胖，身高在同龄人中也不算太高。当时，我连 20 个俯卧撑都做不了，空手道的最低段位要求是做 30 个俯卧撑，这让我顿时感到十分挫败。当我看到师兄们在擂台上打实战时，心里跃跃欲试，想上去和他们切磋一下。

有一次，师傅摸着我的头，问我：“丁丁，你未来想在空手道上达到哪个级别呢？”我毫不犹豫地回答：“黑带九段。”他笑了笑，对我说：“那你要加油，好好努力！你师傅我才黑带四段，相信你有一天会超越我的！”

这番话在年幼的我心里种下了一颗种子，也就是这一颗种子，让我坚持下去，百炼成钢。就这样，我跟着师傅学习了几年。在这几年中，我的级别从白带提升到了绿带，并且可以代表我们的拳馆出去打比赛了。那个时候，我以为自己非常厉害，无人能敌，犹如金刚不坏之躯。

当我真正站在擂台上的时候，我紧张了，很快，我就被打下擂台，败下阵来。我输了，输得惨烈，我不禁泪如雨下。师傅走过来，对我说：“这次怎样输的，下次就怎样赢回来。”

在师傅的不断鼓励和帮助下，我除了每周定时训练外，每到假期，还坚持在江边跑步，一年四季，周而复始。

就这样，过了几年，我褪去了少年的稚嫩与骄矜，收获了刚强与不屈，终于，我赢回了那个冠军奖杯。当站在颁奖台的最高处时，我没有笑，而是看了一眼师傅，喜极而泣。这是对我青春的最好奖励。

结束语

每个人都有属于自己的青春，我们经历了青春的酸甜苦辣，才会成为一个真正意义上的人。不要去责怪自己的轻狂，那是年轻最显眼的标志；不要自卑，经过岁月打磨，你一定会拥有智慧与经验。我们的青春转瞬即逝，但精彩无悔。

王博

出生年月：2009年7月

重要荣誉：

获得第26届国际少儿书画大赛金奖

获得CSSC国际青少年“向心中国”主题演讲辩论赛小学组优秀奖

参加金水区疫情防控战，并获得金水战疫志愿者证书

荣获第十一届蓝桥杯全国软件和专业人才大赛青少年编程河南赛区选拔三等奖

获得剑桥英语等级考试KET优秀证书

获得计算机编程小学Kitten组NCT三级证书

参加河南卫视《乘风破浪的少年》录制演出，获得荣誉证书

获得街舞社会艺术水平考级三级证书

师长评价：

王博同学对学习充满热情，对知识充满渴望。他能独立完成老师布置的作业，自觉做好预习、复习。课余，他不满足于在课堂上学到的知识，大量阅读有益的书、报、刊，以开阔自己的视野，增长知识。功夫不负有心人，他付出的辛勤劳动，终于收获了累累硕果，他是我们学校师生公认的优秀学生。

王博孝敬父母，对人有礼貌，有进取心，是大家族中公认的好孩子。他学习自觉，知识面广，多才多艺，成绩优秀。爱看书，爱问问题，有强烈的求知欲望。缺点是任性，对自己认定的事情，不论对错，不轻易听取别人的意见。希望他能改正缺点，发扬优点。老师和爸爸妈妈相信他能做好，也期待他有更大的进步。

我的篮球精神

提到篮球，你们想到了什么？

我想大部分人想到的是各位篮球巨星，比如，乔丹、科比、詹姆斯、杜兰特、姚明等等，还有各支篮球队，比如湖人队、火箭队、骑士队、公牛队。是啊，我跟你们一样，小时候特别期待有一天能站在场边为他们加油！

是不是每个男孩都有一个篮球梦？篮球就像我的家人一样，陪我一起成长；篮球就像我的老师一样，教我做人做事；篮球就像我的一位挚友，与我一起分享酸甜苦辣，记录着关于成长和陪伴的时光。

记忆中，我与篮球最初的接触是在幼儿园的时候。一个温暖的故事使我对篮球充满了喜爱，只是那时，还不知道，篮球于我而言，意义有多大。

那是一个星期天的下午，四岁的我和爸爸下楼玩。父亲在球场上打篮球，我就在旁边自己玩，但总是被爸爸的各种运球所吸引。我坐在那里，捧着脸，抬着头，眼里泛着光，看着眼前高大而威严的爸爸。突然，爸爸把篮球递给了我："来，儿子，拍拍球试试。"我忐忑地拿起那个对我来说很庞大的篮球，小小的手笨拙地拍打着大大的球。爸爸看到后，摇了摇头，用温暖的大手把住我的小手，教我单手运球。可能我与篮球有缘，学得很快，可以一次连续拍十个球。就这样，我的运动天赋被爸爸发掘出来了。一有时间，爸爸就会带着我一起玩球。现在想想，那会儿真的是玩球，玩耍的玩。只要有篮球，我就会很快乐，父母估计感受到了我对篮球的喜欢。在我上小学二年级的时候，父母不声不响地给我报了篮球训练班。我自然很激动，给了他们一个大大的拥抱，感谢他们为我营造的篮球氛围！就这样，我每天练习运球、短距离冲刺……早晨跟着老师训练完，还要找老爸做我的陪练，陪我练各种运球动作，那段时光可以说是累并快乐着的。

很多事情，即便开始很喜欢，当你反复做了一段时间后，你会发现，单靠兴趣是不够的，还需要坚持。喜欢简单，坚持很难。有一次，我出门参加篮球表演，回家后，瘫软在沙发上，一看日程表，后面还有一节篮球课，我哭嚷着不想去，让妈妈把课退了，妈妈心疼我，就依着我。

就这样懈怠下来，直到有一次，我跟朋友打球时才发现，我之前的优势早已经没有了，一直坚持练球的朋友们成了我眼里的篮球高手，甚至是比我矮十几厘米的人，都说能闭着眼“吊打”我。没办法，为了快速提升，我只能厚着脸皮跟着朋友们去野球场上打比赛。之前练过皮毛的我频繁犯规，没有人想带我，甚至在我出现我本人并不知道的恶意犯规时，他们还恶语相向，甚至还会动手。当时的我真的接受不了，以至于在很长一段时间里，不管是在学校上学，还是回家，整个人的情绪都很低落，直到我看到库里的故事！对，就是那个永不服输、永不言弃、一直坚持的库里。

史蒂芬·库里出生于篮球世家，他的父亲戴尔·库里是NBA黄蜂队的顶级射手。史蒂芬·库里遗传了父亲的良好基因，可是，他的职业生涯并非一帆风顺，他因为身材瘦小，被很多人质疑。杜克大学等名校拒绝了这位长着娃娃脸的“萌神”，后来，不出名的戴维森学院录取了他，史蒂芬·库里带领戴维森学院一路杀进了总决赛。库里，似乎从来不知道什么叫放弃，就像他所说的：“I can do all things.（我无所不能。）”

受到库里的激励，我开始振作起来，坚持练球，找朋友切磋，向教练求教。时光荏苒，岁月如梭，转眼来到了五年级的暑假，如此刻苦的我迎来了转机，我获得了进入校篮球队的资格。在校篮球队里的训练使我彻底地摆脱了“菜鸟”的绰号，也让我意外发现了我一直不敢尝试的地方竟是我隐藏的特技，即我的突破上篮竟然能晃过那些高手，最终在他们头上得分。我还一直坚持每周至少一次到野球场上去历练。打球最重要的是在场上的心态，在一场实力与天赋都悬殊的比赛当中，一个哥哥教会了我什么是好的比赛心态。

当时我上六年级，身高已经达到186厘米了。在这场比赛中，对方队伍中有一位比我身高还要高5厘米的初二学长，我作为本队最高的人，被要求去防守这位大个子。

比赛前期，我一直处于下风，我的心态受到了影响，防守开始松懈。队里最强的一位哥哥告诉我，防守的终极目标是不管你是否能防得住对手，都要尽自己的全力去防守。听到这话的我，开始了尝试，一次防不住防两次，两次防不住防三次……最后，我成功地盖帽掉了我本不可能盖帽到的人！

我带着这份热爱，在六年级时参加各种联赛，也打出了一些名堂。如今，在篮球场上骂过我的人会绕开有我的比赛，瞧不起我的人开始崇拜我，扬言要吊打我的人被我“按在地上摩擦”。我从嘘声一片，打到了受人瞩目，我用自己的努力和实力赢得了大家的尊重。

逐渐地，我发现，我对篮球从只是觉得好玩，再到产生好胜心，最后变成了对它有着热血澎湃的爱。篮球教会了我很多东西，例如，坚持、努力，甚至还有做人做事的各种道理。

人生也是如此，不断地努力，不断地坚持，不断地成长，在艰难和挫折中杀出一条血路，你就赢了。

2022年NBA总决赛G6（勇士队VS凯尔特人队），勇士队夺得当年赛季NBA总冠军。库里全场表现出色，荣获FMVP（总决赛最有价值的选手）。

过去三年，每一年的夏天，库里都把自己关在健身房里，他如同苦行僧一般，锤炼着自己的身体。作为一个已经拿过三次冠军的球员，作为一个可以躺在功劳簿上的人，他却依然保持着对胜利的渴望和对梦想的执着。这份信念让我心脏狂跳，备受激励！

如今的我，已经进入了初中，篮球与我的故事仍在继续。我想告诉每一位正在为梦想、爱好、事业而努力的人：坚持住，你就赢了！面对顺境时，我们很棒；面临逆境时，我们如何面对，这才真正决定了我们是什么样的人。

徐嘉浩

出生年月：2007年09月

重要荣誉：

2017 年 12 月 30 日参加苏州第三届大阳山跑山赛，越野跑 1 小时 40 分钟

2018 年 10 月 21 日参加江阴第四届国际半程马拉松赛，跑完 10km，用时 1 小时 13 分钟

2020 年 07 月 11 日参加 SALOMON 越野跑无锡站夜跑，完赛

2020 年 10 月 18 日参加第五届 STC 常熟尚湖铁人三项赛，用时 1 小时 40 分钟完赛

2021 年 04 月 03 日参加无锡越野春季赛，圆满完赛

2021 年 05 月 03 日，攀登奥太娜雪山，成功登顶（海拔 5200 米）

师长评价：

徐嘉浩是一个非常暖心的孩子，适应能力强，懂礼貌，会照顾他人的感受，尤其喜欢帮助别人解决问题，是值得结交的朋友。如果自己遇到困难或问题，会自我分析、自我解决、自我成长，有一定的行动能力。在我们眼里，他就是一个有温度、有担当的人。

嘉浩是一个外向、开朗，又特别温暖的孩子，从小就喜欢运动，乒乓球、篮球、足球、游泳、高尔夫，样样都在行；也喜欢挑战，越野跑、铁人三项、长江冬游、雪山都一个一个征服。他对这个世界充满了好奇，从小就喜欢向外走，他参加了中班的“童子军”、一年级的加拿大瓦尔登湖夏令营，连续四年去了蕃茄田艺术夏季学校，还参加了美国夏令营、辩论营、演讲营、心理学夏令营、国学营。他喜欢各种尝试和体验，而且每次都是“自来熟”，能快速成为组织者、领导者。因为去过很多国家，他就更加向往出去。

我的雪山，就在那里

世界上有非常多难爬的山峰，也有因为登顶这些山峰而很有名气的人。无一例外，他们都有非常强的意志力和很出色的管理能力。

第一次攀峰的体力挑战

五年级暑假，我第一次爬奥太娜雪山。想进行这个勇敢的挑战，是因为爸爸。那年，爸爸登上了有巨大的远古冰帽覆盖的那玛峰，感觉很好，于是向我提议，暑假一起去奥太娜。了解到奥太娜是入门级的雪山，我答应了！如果我爬上去了，那我就是年龄最小的孩子，能打破吉尼斯世界纪录。这可真令人期待！

奥太娜被称为“雪山之子”，主峰海拔 5200 米，在青藏高原的东麓。虽然在老山友的眼里，奥太娜是入门级的，但对于上五年级、没有受过专业训练的我来讲，它对我的体力提出了超高要求。这一点在我真正抵达山脚下时，感受到了。

想爬奥太娜，要先去成都。在落地成都以后，团里一行 6 人决定先吃一顿地道的火锅暖暖胃。这是令我有些后悔的选择，火锅好吃，但太辣，导致我的肠胃不舒服，一直拉肚子。还好晚上睡眠不错，补充了些体力。

第二天早晨,我们正式出发前往黑水县城!原以为是坐车直接到营地,没想到是要走过去,这一段距离可真不短啊。而且天公不作美,中途下雨了,我产生了高原反应,我感受到了一个字——累。由于当时年纪小,我开始闹脾气,在去往营地的路上就产生了畏难情绪。不断出现的未知情况在试探我的情绪最低点,不知道前方的情况,也没有应对恶劣环境的经验,现在想想,我依然觉得,对于第一次爬奥太娜的我而言,未知,才是最大的敌人!

很感谢爸爸在身边鼓励我:“加油,很快就到了,就剩 15 分钟了。”

那个时候,山脚下黑水县的营地还没建起来,我们住在一个最原始的草棚里,六个人打通铺。防潮垫和睡袋让我睡得不舒服,一晚半梦半醒的睡眠,为我第二天的登顶定下了缺乏休息和高原反应的基调。

攀登计划是在凌晨 2 点出发,从大本营前往山顶,登顶后原路返回。帐篷外一片漆黑,阴森森的。在凉风中,我们整理好装备,准备出发。

出发后的第一段山路是在原始森林里,很好走。伴随着海拔上升,逐渐有白雪覆盖。直到走到一个 70 度的大斜坡面前,全部是冰面,需要手脚并用向上攀。这时候,我才知道什么是攀登山峰。不是之前理解的爬山,不像之前去过的黄山、泰山、嵩山,靠走就能登顶。

手一拉,脚一蹬,我手脚并用,不熟练地爬上了 70 度的斜坡,但猛地一下子,海拔高了起来,大概有 3600 米。高反导致我的心率突然变得很快,营友喊我“多喝热水”!哈哈,还真有用,喝了之后,的确有所缓解,于是在接下来的路上,我不停地歇脚和喝水。

在很多次的鼓励和休息之后,在体力耗光之前,我选择停止攀登。

那时,天依旧是擦黑的,只能听到虫叫声,四周能见度很低。混合着疲惫和沮丧,我坐在原地,忍不住抹眼泪。营友拍拍我的肩膀,开玩笑说:“如果留在原地,可是会有大老虎来的。”但在当时,我真觉得,就让大老虎吃掉我吧,我走不动了。

我问身边的向导:“这是什么位置?”

“这是山峰的一半,坚持攀完另一半,就能登顶!”

再次挑战的意外发现

第一次攀登的画面还在我脑海中翻滚，或许我吃不了这个苦，或许山顶的美只是给少数人看的，反正我不会再上去了！但自从回来后，我心里一直念念不忘。那种想要攀登成功的欲望，以及攀登到一半、差一点就做到的遗憾，使得我一直关注着奥太娜。

导火索是一条社会新闻，一位比我大半岁的孩子顺利登顶了。虽然这个孩子一直坚持锻炼，但我也是横渡过长江、参加过铁人三项赛的！他能上去，我就不行吗？那件事情始终在召唤我，再来一次！好，再来一次，我要解开这个遗憾的心结！

时隔两年，在初一的暑假，我再次前往奥太娜山，发起挑战！

这次攀峰，我心里有了底。因为营地好，供给充足，加上攀登的伙伴比第一次多了，团队成员可以互相呐喊加油，毕竟可以释放情绪也是很多人选择攀登的理由之一。当我顺利攀到第一次放弃的位置时，心里的成就感瞬间飚满，这是我原来跌倒的地方，我终于超越了原来的自己。

但真正的挑战，是来自身边人的善意的谎言。

当我快耗尽力气，攀上"最后"一个垭口的时候，一整片被遮挡的山体在眼前显露了出来，我恍然大悟，这才是中点，是一半的位置，其实我第一次只攀到八分之一就停下了！

望着眼前的山体，理智马上跳出来考问自己：这才是真正的一半，进也不是，退也不是。

当时正是吃午餐的时间，我边嚼着杧果干补充体力，边做出决定：走，继续向上爬！

山越高，景色越美。一位比我慢很多的姐姐追上来了，不断鼓励我："走，我陪着你一起爬！"逐渐地，越来越多的人从后面超过我，鼓励我："一定要坚持爬上去！"我问他们什么时候到，他们说："翻过去就到了，翻过这个垭口马上就到了。"

哈哈，谢谢大家！

终极挑战发生在距离目的地的最后八分之一，在连片的冰雪陡坡前，我的体力已经耗光，手脚已经麻木，没有了知觉，我开始趴在地上，机械地向前爬，爬累了就一个人蹲在那换气。

其实在上大坡之前，我就把大部分行李卸了下来，但没走到一半，就开始饿，身体出现虚脱的症状，脚步越来越沉，胳膊抬不起来，多亏向导从包里掏出一瓶可乐递给我，我喝了可乐，才有一股劲，才有体力登顶。

当我们冒险做很多事情的时候，会碰到不同的挑战。当我们完成以后，再轻松回想，会觉得没有什么可怕、可怖的，相信自己是最大的动力。慢就是快，用韧劲战胜自己！

我继续在山脊上爬爬走走，不知道过了多久，我听到营友在顶上喊“徐嘉浩”，我艰难地抬头，看到了上面的人。对，那是终点！看到希望的我重新看到了目标，一鼓作气地爬上去了。

非常有趣的是，原以为登顶的自己会无比激动，但坦白讲，当时我最大的念头是：赶紧下来。营友说要拍照，好，赶紧拍照，拍了照就下去了。

在下山的过程中，因为海拔变低了，不缺氧了，我和身边的人轻松地聊起来了。

之后，很多人问过我：“成功登顶是什么感觉？”没有感觉。真的爬上去了就是爬上去了，太累了，但你问我还爬吗？爬！

攀峰带给我持续探索的人生动力

早晨 4 点启程，下午 4 点下山。12 个小时的超强体力挑战，大量的体力都消耗在向上攀登的过程中。开始，我在队伍里是领头的位置，后面是中间，再落到最后。走到最后一节，体力真的匮乏到了极点。

在两次攀登的过程中，我总结了失败和成功的教训和经验。完成一次伟大、令人钦佩的攀登，需要注意以下几个方面。

1. 个人要有目标感，使命必达。一旦选择了，就全力以赴，不给自己设限，因为一路的遭遇都会成为我们的经历。

2. 同伴很重要。再次谢谢这一路上队友们的专业的攀登技巧指导和温暖提醒。

3. 不要畏惧未知。虽然看到目标和规划会让人的内心安定，但人生有很多东西是未知的，就像第一次爬山一样，虽然经历了失败，但总结教训之后，我还可以再次尝试。

4. 精心准备，储备经验。不仅是装备上的准备，还有体能上的准备，平日的坚持和自律是勇敢攀峰的底气来源，走稳每一步，就会安全抵达终点。

这次攀登回来以后，我开始制定下一个目标。我想挑战白雪皑皑的雀儿山，传说雀儿山是鹰都飞不过的山，最高峰海拔 6168 米。我慢慢懂得了爸爸的那句话："人到了山顶以后，就会想挑战更高的山峰。"

爬山不累吗？

真累！

还爬吗？

爬！

为什么爬山和徒步这么艰苦，还有人疯狂热衷？

因为山就在那里，不是我主动攀登了山，而是山就在那里，它的魅力吸引着我。

目标在那里，我总是要去的。

杨彩宜

出生年月：2010年5月

重要荣誉：

《河畔即景》一文获得《大河报》2021 年 2 月最佳作品

2019 年获得李阳疯狂英语“超级演说家”金奖

获得 2021 年新加坡国际钢琴比赛河南省决赛二等奖

获得第五届花样少年全国青少年语言艺术展演二等奖

小学至中学阶段获得校级女子短跑 5 连冠

2022 年以校级优秀毕业生全优毕业

走，一起去运动吧

柏拉图说过："通向成功，神提供了两条路，教育和运动。"还在上初中的我，每天要学习12个小时，我不想在这里探讨学习，今天和大家分享一下我在体育上的收获。

从小开始，我就热爱运动。每次看到我的体育成绩和感受一阵加速跑所带来的酣畅淋漓时，我就很有成就感。跑跑跳跳还带来了其他的收获，因为喜欢运动，我的免疫力很好，很少生病，而且运动之后食量大，对食物中营养的吸收特别快，体质更好。

我身边的很多孩子都有每天跑步的习惯，尤其是一些学霸同学，会用运动来促进学习。跑跑跳跳，不仅能够让大脑休息一下，还可以看看风景，调节下心情。我们在运动时，会产生多巴胺、血清素和去甲肾上腺素，这三种神经传导物质都和学习有关，所以即便没在学习，跑步也能让我们的大脑神经元继续生长，在一定程度上可以提高记忆力。

儿时的运动天赋

从小，我就喜欢跑跳，小时候步子小，跑得慢，也不太会调节呼吸，但丝毫不影响我和其他同学玩耍。虽然在家长的眼中，那是追逐打闹的疯玩，却是孩子们特别喜欢的。记得上幼儿园时，我在放学的时候，喜欢和同学们跑着回家，把运动游戏化，在跑跳当中增加和提升了我的肺活量和肢体的灵活性。慢慢地，跑步似乎变成了我的擅长项目。

身边很多女生不喜欢体育，认为跑步累，跑完一身汗。我承认，跑完上气不接下气的感觉确实不舒服，貌似大脑快断片儿了，腿脚也很酸胀，但或许是由于我天生的乐观心态和超强的适应能力，我在跑跳上很快就消除了这些阻碍。

在小学体育课上，有跳绳项目，我的成绩总会比别人好一点。喜欢跳绳是因为它不受场地的限制，随便找一个地方就能跳起来。绳子尽量选择轻便一些的，既方便带，又方便跳。绳子往前一甩，快到脚时，我飞快地一蹦，绳子从脚底下匆匆地划过，然后继续在天空中画着圆圈。我在心里默默地数，100，…，111，… ，122，123，继续往下跳。刚开始跳时，脚像灌了铅一样蹦不起来，但只要咬牙坚持下，你跳绳的成绩就会令你非常有成就感。

在体育课上练习跳绳，有的伙伴会偷懒，体育老师一走开，他们就休息一下，原地放松。归其原因，还是因为跳绳很累吧，但我把它看成放松和好玩的项目，虽然到最后也会跳得很累，上气不接下气，但这是体育运动啊，不累、不出汗，反而不对了。不妨大家也试试，当你跳到 200 个的时候，这个非常有成就感的数字会给你很大的鼓励，随着跳绳成绩的提高，你会越来越期待最后的总成绩。

从小学开始，我的体育成绩就不错，于是老师建议我可以朝这个方向发展一下，尤其是我有超强的爆发力，可以在短跑当中拿到好成绩。

在学校专业训练之后，我经常能够拿到全校短跑第一的成绩，后来还被选拔进了女子足球队，担任后卫。后卫的主要职责是防守与抢截、阻止对方进攻，所以比起前锋，后卫最累的是精神，注意力要时刻集中，关注场上局势。让我受益的是，这提高了我学习的专注力。

关于跑步经验的总结

现在很多报告都显示孩子们的运动量不足,缺乏锻炼,我建议大家穿上跑鞋,出门跑跑跳跳。如果在上学,就去操场上运动和玩耍。只要习惯了迈开腿跑步的节奏,5 公里对你来说,也不会是什么挑战。在这里,也跟大家分享一下我的经验。

第一,学校经常会有跑步的比赛,如 400 米跑、800 米跑等。坚持不下来怎么办呢?转念,调整自己的心态。因为人有畏难情绪,所以才会在心里一直反问:要不要停下来?我跑不动了,还是放弃吧。这时候,你可以试着转念,把跑步想得很简单,目标在那儿,只要跑过去就可以了!这是你非常擅长的项目,完成就好啦!这件事对你来说太简单了,就像从 1 楼爬到 3 楼那样简单!你是一个特别有体育天赋的人,所以对你来说,这完全难不倒你!

第二,想要跑步跑得快,就要调整呼吸。要控制好呼吸频率,三步一吸。跑得快时,换成两步一吸,节奏是呼—呼—吸,呼—呼—吸。通过这样调整呼吸,可提高跑步速度,轻松,不累人。

第三,掌握正确的跑步姿势,同样很重要。跑步时,尽量保持身体前倾、重心前移,用前脚掌落地。如果姿势不对,跑步可是会伤害膝盖的。同时,注意采用正确的摆臂姿势。

第四,平时在小区或者公园跑步,还要注意以下几点。

1. 一定要穿舒适的跑鞋和运动服;

2. 注意路面,尽量选择平整的路,以免崴伤脚;

3. 不要一味求速度,跑步的最终归宿不是快,而是快乐。

现在,我依然保持着跑步的习惯。晨跑,向太阳奔去;傍晚,同黄昏赛跑。虽然功课要做到晚上 10 点才结束,但是我每天会抽出时间,主动下楼跑跑步。好的身体和体能一定能够帮你在未来某个关键的时刻赢得重要收获。

第三章

艺术的魅力

黄舒涵

出生年月：2012年1月

获得荣誉：

2022 年 10 月获得中国音乐学院颁发的钢琴六级证书

2021 年获得第七届澳门国际艺术公开赛中国赛区儿童组钢琴金奖

2021 年获得第三届莫斯科国立柴可夫斯基音乐学院附中国际大赛广东预选赛儿童组钢琴三等奖

2020 年获得 AIMA 全球丝路之声古典音乐之旅暨第 28 届美国音乐公开赛广东赛区儿童组钢琴银奖

2020 年荣获湖南芒果 TV“这是我舞台”全国少儿新春盛典暨 2020 年广州少儿跨年晚会金奖

师长评价：

黄舒涵是个非常自律且意志力坚强的孩子，对一件事物的喜爱和持续热衷常常只用稍加引导就能产生源源不断的自驱力。她还是个好奇宝宝，充满探知欲，腼腆的性格使她行事低调且内敛。希望在未来的日子里，她能如她的名字般，尽情“舒”展、“涵”苞待放吧！

钢琴带给我力量

我是黄舒涵，今年 10 岁，上五年级，就读于金海岸实验学校。我是一名钢琴爱好者，从 4 岁开始学钢琴，至今我已经学习钢琴六年了，先后获得过多项荣誉。

我跟钢琴有着特殊的情感，是钢琴让我懂得什么是坚持，坚持就是相信自己的每一个选择。

我一开始十分喜欢弹钢琴，于是征求爸爸妈妈的意见，报了钢琴课。第一次上钢琴课时，老师来到我的家里，用温柔的语言教我弹琴。我喜欢这位钢琴老师，因为她不仅会温柔地教学，更让我欣赏的是，她可以弹奏出十分美妙的音乐。每当我倾听老师弹奏时，我眼里就流露出欣赏，对音乐也更加感兴趣了。

妈妈跟我说过一句话："兴趣是最好的老师。"我想这句话是对的。自从我对钢琴产生兴趣后，即使学业越来越忙，但只要我有一点点空余的时间，就会连忙跑到钢琴面前，掀开钢琴盖，开始练习钢琴，渐渐地，我可以演奏出美妙、动听的音乐。爸爸妈妈见证了我的成长与进步，看到了我的行动，听到了我弹奏出来的钢琴声，常常夸奖我，这让我更有动力。有一次，我刚吃完晚饭，不需要别人督促，就直接跑到钢琴面前，开始练习起来。这一练习就练习了半个小时，我本以为跟往常一样，但令我惊喜的是，我刚练完，还没等合上钢琴盖，就听见家人们热烈的掌声。我回头一看，家人们都在冲我笑，仿佛在给一位著名的钢琴家鼓掌。我十分开心，我想我要一直把钢琴弹下去。

后来,我遇到了在学钢琴这件事情上的第一个挑战——考级。钢琴老师在跟我的父母和我商量之后,帮我制定了接下来的考级计划。起初,我并没有在意,认为跟之前一样就可以了,但随着离考级的时间越来越近,老师布置给我的练习任务也越来越重。这让我开始有点烦恼,明明是使人快乐的兴趣爱好,却像作业一般压了过来。

练习不再成为我每天自主去做的事情,而是需要人催促。我开始偷懒,无论我是吃完饭,还是写完作业,我都不去练琴,找各种借口,说想出去散散步、要去找同学讨论学习等等,总之就是不想练琴。因为练习的时间越来越长,曲子也越来越难,很难一口气就学会,我开始自我怀疑,我觉得这不是我起初想象的钢琴的样子,我有点想放弃了。

很显然,爸妈发现了我的改变,开始变得有些生气,就连我最喜欢的钢琴老师,也在给我上课时,通过我的弹奏看出了我的问题,她明显地感觉到,我现在的钢琴演奏水平甚至不如一个月之前。在一次钢琴课上,课程进行到一半时,老师让我停下演奏,说对我这段时间的状态很不满意,并开始批评我,她说:“你最近怎么回事?整个人像是变了一样,弹琴水平突然像走斜坡一样迅速下降!”

我是一个自尊心很强的人,我也自认为我是一个要强的人,听到老师这样说我,我一方面内心觉得很愧疚,一方面在考虑要不要现在就放弃,放弃了就不会有更多的批评了。那一次是我第一次因为弹钢琴这件事情而哭,也因为我的状态和情绪,那一天的钢琴课没有继续进行下去。

等老师走后,妈妈走进了我的房间,她似乎听到了老师与我的对话,她俯下身来跟我说:“宝贝,你是不是真的喜欢弹钢琴?”

我委屈地点了点头:“嗯……但是……”

妈妈:“但是现在觉得弹钢琴又苦又累是不是?”

我:“嗯……”

妈妈:“宝贝,妈妈现在要告诉你,这个世界上没有任何一件事情会让人一直快乐,但是你可以通过自己的坚持,让自己收获长久的快乐。从这一刻开始,你要学会坚持,不能轻易放弃,因为不放弃钢琴的你,会收获钢琴给你带来的真正的快乐。”

虽然妈妈在这个时候讲的话我还并不能完全理解，但我的情绪已经慢慢稳定下来，不再继续哭泣。

妈妈接着说道：“你既然想学，总会遇到困难，你一定要坚持下去。人们都说，坚持就是胜利，你可以用行动试一试，是不是这个样子。你再看看钢琴，它是你很好的朋友，它也在期待你带它走上更大的舞台。你要不要继续试一试呀？”

我听了妈妈的话，心里感觉挺有道理的，的确不能因为困难而气馁，我可爱的钢琴朋友一直在陪伴着我，于是我选择改变，不再浑浑噩噩，而是努力起来，从以前练习半个小时延长到每天练习一个小时。一周以后，钢琴老师再来上课时，又恢复了往日的温柔，并且真诚地告诉我，这次我很有进步。就这样，我坚持了一段时间，终于迎来了钢琴考级。我不仅考级成功，还获得了两个奖项，这是我第一次体会到努力、坚持真的可以成功。

在我的成长过程中，妈妈给我的鼓励和支持，不仅变成了我坚持的动力，而且还转换成了更大的能量，让我帮助了身边曾经跟我一样困惑的同学。我除了学习钢琴，还学习画画，之前，我开导了一位跟我一起学画画的朋友，对我来说不经意的一句话，对于她来说，却帮助她走出了困惑，并且收获了成果。

记得有一次，我去另一个画室接我的朋友，看到她低着头，拿着被撕烂的画纸，脸颊和衣服几乎全湿了，慢慢地向我走来。

我连忙搂住我的朋友，说：“发生什么了？”

她用虚弱、似乎还带着点哭腔的语气跟我倾诉：“我被老师骂了，他们都说我画得不好，这可是要拿去参赛的作品，老师把我的画撕了，然后把我赶出门。我不想再画画了，我是下了很大功夫的。”她说着，便哭了起来。

这件事情其实并不好处理，虽然我也有过学习钢琴被老师批评的经历，但是我那温柔的钢琴老师并没有像撕掉我朋友的画一样砸了我的钢琴或者打了我，朋友遇到的事情所带来的伤害远远比我当时面对的伤害更大。虽然我的脑子里有种种迟疑，但最终还是尝试安慰她，希望我的话语可以在此时此刻给她一些帮助。我说道:“虽然,我没有跟你经历一模一样的事情,但我能够理解你的感受,因为类似的事情也发生在我自己学钢琴上。我之前是因为钢琴太难而想选择放弃,我也很垂头丧气、很沮丧、很无助,甚至很愤恨,不知道该怎么办!后来,妈妈跟我说,我才明白,做每件事情都会遇到困难。当我们遇到挫折时,不能想着逃避,而要努力克服。你克服了以后,会发现事情变得十分简单了。虽然我说起来轻松,做起来并不是很容易,但是我想我能做到,你是我的朋友,你也一样能做到。今天我陪着你一起哭,明天我们一起努力,让身边的人对我们刮目相看,你也要让自己对自己刮目相看,我相信你可以的。”当我说完后,我看到她虽然眼睛里还是饱含泪水,但似乎有了几分欣喜、感激、期望,我想我应该帮到她了。

过了几个星期,有一天,她兴冲冲地跑过来跟我说,她画画考过了等级考试。听到她的反馈,我感到又惊讶又欣喜——惊讶的是她之前还想着放弃,现在却坚持了下来;欣喜的是她真的听进去了我的建议,她还是想继续画画,坚定不移,这样的想法让她顺利地通过了考试。

对于我和我身边的朋友而言,小困难每隔一段时间就可能出现,父母的鼓励、老师的教导、同学与朋友的帮扶,都可以成为让我们坚持下去的东西,因为这些给了我们极大的信心,让我们努力成长。虽然我们的人生才刚刚开始,虽然我们还不太懂努力真正的意义,但至少我们懂得了一个道理,一个看似老生常谈却又使人无比坚定的道理——在自己选择的路上努力地走下去,就是一种胜利。

蒋韵捷

出生年月：2012年3月

重要荣誉：

百花奖全国艺术特长生演讲组金奖、朗诵组银奖

师长评价：

亲爱的元元（蒋韵捷），你是一个有灵气的孩子。六岁的时候，你自己根据春夏秋冬写了一首歌，讲生命的四个阶段，感情时而热烈，时而悲伤。你自己作词，自己编曲，自己唱出来，这首歌在我们心理学课程上被老师当成接受生命的各个阶段的一个启发素材，很多同学都听得很感动，艺术的精髓不在于复杂，而在于简单，看到你可以简简单单地感受生活、表达自己，我非常开心！

亲爱的元元（蒋韵捷），你是一个非常善良的孩子。有一次，在学校里，你看到蝴蝶被追打得掉了翅膀，你小心翼翼地把它带回来，放在一个精致的小盒子里，和我说，妈妈，我可以把它救活，因为我特别喜欢蝴蝶。你每天都守护着蝴蝶，过了几天，蝴蝶真的可以动了。你是一个有爱心、有耐心、有方法、有毅力的孩子，为你点赞！

带着爱和智慧，祝福你可以像蝴蝶一样，飞得自在又美丽！

相信自己，总会见到彩虹

和音乐的相遇是一次机缘巧合。

八岁那年，充满好奇的我被妈妈带进了一间宽敞明亮的教室，在那里，我遇见了我的声乐启蒙老师。就这样，我开启了一段与音乐斗智斗勇、最终斩获百花金奖的一段旅程。

热爱

热爱是最好的老师。因为热爱音乐，才有源源不断的动力去学习它、去追逐它。正如罗素所说："一个有勃勃生机与广泛兴趣的人，可以战胜一切不幸。"

还记得从五岁开始，我就自己写词、唱歌。懵懵懂懂的我明明连字都识不全，却如痴如醉地沉浸在音乐的世界里，还发明了很多独特的唱法。虽然并不专业，甚至受到过别人的嘲笑，但我依旧乐此不疲，至少自己觉得很优美动听，那是有着我自己特色的宝藏。现在，我越发沉迷于听歌。有些歌，时而高昂，时而低沉；时而舒缓，时而激进，令我流连忘返。我有时候像中了某种黑魔法一样，忍不住去哼唱。

音乐总有一种独特的魅力，深深地吸引着我，我与它一拍即合，就像是伯牙遇到了子期，这才使得我去学习它、去热爱它。

乐观

有人在挫折中获得了经验，有人在挫折中学会了勇敢，有人在挫折中学会了坚持，而我，在挫折中学会了乐观。

还记得，有一次我在课上唱歌，还没唱完，老师拉长了脸，我心中大喊不妙，只听老师说："元元，你这周回去练习了吗？"

回去只顾着玩的我，当然把练习这件事抛至九霄云外了，我不敢说话，害怕得张不开嘴，好像有人拿胶水把我嘴巴黏住了似的。咚咚咚咚，教室里安静得只剩下我心跳加速的声音。

"元元，你太让老师失望了！"

听到老师这句话，我都快急哭了，其实我是知道不练习的后果的。之前去参加比赛，也是因为比赛前几天疏于练习，所以才勉强拿到了个铜奖。眼看着离金奖只有一步之遥，我哭红了眼睛，那可是我做梦都想得到的东西！我开始悔恨自己为什么不早点努力，那些荒废掉的时间原本是可以用来练习和进步的。

朗弗罗说过："乌云后面依然是灿烂的晴天。"我觉得有道理，于是我反思了自己的错误，痛定思痛，好好利用时间，提高效率，把更多的时间留给重要的事情。

直面错误，保持乐观，是我获奖的重要原因。

技巧

声乐中必不可少的东西就是技巧，没有技巧，是永远得不到很好的结果的。学习技巧并非一件很轻松、愉快的事情，而是艰难、痛苦，甚至会让你坠入深渊的一件事。

我们可以劳逸结合。设想一下，如果今天已经连续学习技巧十个小时了，此时一定很烦躁，甚至想放弃，那么我们不妨分段来做，比如，你先高效地学习一个小时，再休息十分钟。在这十分钟里，可以想干什么就干什么，因为这样的放松是对前面专注的奖励。如果做到一半，不想做了，那也可以临时给自己放松。如果带着很不好的状态继续学，那就等于白学，是在浪费时间，但如果还能坚持，就坚持下去，最好不要半途而废。

我曾为了掌握很好听的“萝莉音”而不停地练习。后来，我发现，其实我所认为的“萝莉音”就是一种迷惑自己的假象而已。我发现我的方法是不对的，如果我一直沿用这种方法，就会朝错误的方向越走越远，直到我再也改正不了错误的方法。最后，我还是凭着自己的努力，把它纠正了过来。

常言道，有了金钥匙，不愁锁不开。学习的技巧和方法很重要，一定要用正确的方法，这样才能更加轻松地提升自己。

自信

如果世界上没有自信，只有畏缩，那哪来的大明星？哪来的演讲家？哪来的教育家？如果对自己的理论或是实验没有足够的自信的话，根本不会有爱因斯坦，也不会有牛顿或居里夫人。

罗曼·罗兰说过:“先相信自己,然后别人才会相信你。”

不只是思想家、教育家,我们每个平常人都可以拥有自信。如何拥有自信呢？我这有个小方法教给大家,那就是长高长大法。

闭上眼睛,做几个深呼吸,慢慢地放松下来,在上台的时候,不要关注台下的人,把注意力放在自己身上,想象自己每走一步就长高一米,等站在台中央的时候,就跟高楼一样高了。把下面的观众当作一群小蚂蚁,不要在乎他们,此时此刻,你就是全场的焦点,是所有人崇拜的对象！享受这份美好的感觉,直到表演结束。

本来我上台表演也是会非常害怕的,但是用了这个方法之后,就慢慢地不害怕了,反而把害怕转变成了更大的自信。

自信,是战胜困难的工具,是抵达理想彼岸的关键一步。要时刻记住,无论做什么,自信永远是最重要的。在上台的时候,千万不能紧张,一定要稳住,踏上台的每一步都应该是愉快的,而不是害怕且压抑的。

激情

歌曲需要赋予感情,把感情真正融入歌曲里,才能打动人心。如果没有赋予感情,我敢打赌,你肯定唱不出什么好歌来。

我在上台表演的时候,就一定会赋予那首歌曲感情,甚至在舞台上哭出来都可以。不要害怕别人在意,只要那一刻你打动了别人,那就是值得的。

如果你对这一首歌没有什么兴趣,就不会对这首歌赋予感情,这就是一件没有任何意义的事。因为没有感情的歌,既不会打动自己,也不会打动别人,那这首歌存在的意义是什么呢？

责任

我一直都认为，我身上是背负着责任的。我的责任就是不能辜负家人与老师的期望，去追寻更好的自己。

试想，如果父母花了一大笔钱，让你去上一门课或者参加一个比赛，你是不是就应该尽自己所能，做到最好呢？我认为是的，我就是依靠一种强大的责任感来获得各种奖项的。

妈妈在我参赛之前，就做足了准备：金钱、时间，还有陪伴；老师也在竭尽全力地支持我，每天上好多堂课，指导我，鼓励我，因此我才能有足够的水准与自信。

在我临近上台的时候，妈妈拉着我的手，鼓励我说："元元啊，你不用紧张，正常发挥就好了，我相信你一定是最棒的，加油！"

我带着这温暖又充满力量的鼓励走上了舞台，那时，我的心跳强而有力，不是紧张焦虑，而是蓄势待发。我的背后是妈妈，是老师，还有许许多多其他人的期待，我想我一定要把这首歌唱好，拼尽全力，不留遗憾！

责任是相互的，妈妈和老师为我付出，我也要为大家付出。

结束语

我之所以能获得全国性的大奖，靠的主要就是这六个因素：热爱、乐观、技巧、自信、激情、责任，以及家人的鼓励、老师的支持，再加上我自己的努力。

要相信自己，就算此时此刻不成功，但总有一刻会见到彩虹。

梁倩瑜

出生年月：2011年10月

重要荣誉：

2019 年 5 月与斯坦威钢琴艺术家茅为蕙在广州中山纪念堂同台演出

2019 年 6 月在少年中国全国校园舞蹈汇演中荣获金奖

2019 年 12 月获得全国舞蹈小明星艺术成果展演表演金奖

2021 年 5 月获得越秀区教育局中小学舞蹈比赛甲组群舞类别三等奖

2022 年 1 月获得第十七届青少年艺术素质教育展评活动广东总评选银奖

2022 年 7 月获得回民小学语文古诗默写竞赛一等奖

2022 年 8 月获得“星辰杯”青少年素质教育钢琴专项银奖

师长评价：

艾威老师：倩瑜同学，每当品读你的习作或与你探讨时，老师都感慨于你灵动的想象，感触于你细致的观察与细腻的体会。古人云：“故不登高山，不知天之高也；不临深溪，不知地之厚也。”于你而言，阅读就如这高山、这深溪，在成长路上，你一直保持着不断攀登、不断探索的勇气。老师相信，坚持阅读的精神也将成为你成长路上最坚实的保障！

黄子君老师：每当你踏进画室，抓起画笔，眼睛里都带着神采。你是个热爱艺术的孩子，有句话用在你身上特别合适：“保存岁月最好的方式，是致力于把岁月变为永存的诗篇或画卷。”你喜欢通过画笔，把对生命的热爱，寄存于作品中。你热爱艺术，对生活有着细致的观察，如下雨时，雨滴声由弱变强，打在雨篷、土地、树叶、汽车、铁窗上……形成无数个高低错落的声阶。希望艺术能为你保驾护航，给你不断向前的勇气和毅力，在存在无限可能性的道路上，选择自己航行的方向。

谭铭老师：你是一个待人真诚、心地善良的孩子，上课时，总是专注、认真，你有着超出一般学生的耐心与毅力。老师相信，也期待着你质的飞跃！

坚持喜爱，不畏困难

大家好，我是梁倩瑜，我来自回民小学五年一班。我喜欢跳舞，每次学校有舞蹈类活动，我都会去参加。我从三岁开始学舞蹈，2016 年，我参演《动物精灵》舞蹈，获得最具潜力奖；2017 年，参演《动感宝贝》《小跳蛙》《教学组合展示》这三个舞蹈，获得最佳才艺奖；2019 年，我参演《快乐的小脚》，获得金奖；2019 年，我参演《从小爱唱花鼓戏》，荣获表演金奖；2021 年，我参加越秀区中小学舞蹈比赛，获得三等奖；2022 年 1 月份，我又参加了一个舞蹈比赛，荣获银奖。我也喜欢看书，特别是科幻类和古风类的图书。假如你给我一本这样的书，我一定会看得津津有味。我还是一个“吃货”，只要能吃的东西，我都吃。

我相信大家小的时候，多多少少都报过一些兴趣爱好班，有些同学学习唱歌、钢琴、打球等等，而我投入了大量的精力去学习舞蹈。我们都知道，“台上一分钟，台下十年功”，光彩照人的背后，都付出了很多。在我不断学习跳舞的这段时间里，我经历过痛苦，也收获了成果。总有一些朋友在我身边，一直鼓励我，其实他们才是我努力坚持的根本动力。

最开始，我缠着妈妈给我报了一个舞蹈班。本来是我自己要求学舞蹈的，可是学着学着，不知道从什么时候开始，我厌恶起了舞蹈。每一次上课，我都觉得舞蹈不是我想象的那个样子，我看到电视上的舞蹈那么优美，而我每次练的都是基本功，使人很痛苦。

我小时候怕累、怕疼，并且很爱哭，平时一不小心摔倒，即使没破皮，我都会哭，何况是舞蹈的压腿、下腰等等会产生疼痛的动作。练舞蹈时，我哭得非常大声。

写到这，我想很多读者会笑话我：这有什么稀奇的？练舞蹈的不都是这样吗？那些学舞蹈厉害的人，不也都练习过这样的基本功吗？没什么大不了的吧。

没错，哪一个优秀的人没有经历过千锤百炼？更何况是学习舞蹈的人，他们每一个人都是从一点点疼痛中走出来的，比如唐诗逸，她是著名舞蹈演员，毕业于北京舞蹈学院。她刻苦练习，可以一字马式下腰过杆，柔韧性极强！她也是我很喜欢的一位舞者。

我想我是幸运的，在我最无法承受压力的时候，身边总是会有一些朋友来帮助我。

我最好的朋友，她的基本功很好，跳舞也跳得很棒。她经常和我一起玩，当我有困难的时候，她会帮助我，几乎每一次我想放弃的时候，她好像接收到某种信号一样，都会走上前来安慰我，说："没事啦！你只要坚持练习，不就不疼了吗？"就是这句话，实实在在地激励了我！

因为我们在同一个舞蹈队中学习舞蹈，她可以变得如此优秀，而她又在我的身边，为什么我不可以？她说练一练就不痛了，我愿意相信她，是她给了我学舞蹈的动力！从那以后，我虽然学习舞蹈时，还是哭哭啼啼的，但谁说哭哭啼啼的人就会放弃？没错，我在坚持，并且我坚持下来了。

我从3岁开始练习舞蹈，到现在11岁，还在练习舞蹈。每次回想起来，都觉得不可思议，我竟然练舞练了这么多年。我想除了家人和我自己的功劳之外，我这位舞蹈队的朋友也给了我极大的鼓励。

除了拥有一些好朋友，在我的人生中，还有一个特别重要的人，在各个方面给予了我支持和帮助，她就是我的妈妈。妈妈就像是我生命中的阿拉丁神灯的灯神，每当我有想法的时候，她总能第一时间出现来满足我的梦想。

除了舞蹈之外，画画也是我的爱好之一。本来只是随便画画，但在妈妈的支持下，我现在在往专业小画家的方向发展了。

起初，我看到别人在画画，我就很好奇，发现别人可以用铅笔勾勒出不同的人的画像，也可以画出很多逼真的物体，我非常喜欢。虽然在小的时候学过画画，比如彩笔画、油画，但是还有很大的提升空间。这一次，我看到别人画素描，我觉得这才是我想要的画画。也正因为我有一些画画的基础，所以我在看到素描后，立马开始模仿了起来。第一次画素描的时候，我发现画倒是没画多少，但是手很黑。这个跟我之前画油画相比，有着完全不同的感受：原来绘画除了五彩缤纷的颜色，还可以用纯黑色的笔，绘制出精美的图画。

从那之后，我也会和我的几个小伙伴一起画素描，我会自己画一些图形，比如三角形、正方形、圆形等等，每一次画画都会使我快乐。不过，我只是自己随便画画，没有进行学习，心里一想，多少有一些遗憾。

没想到，过了几天，妈妈突然微笑着跟我说："倩倩，我给你报了一个素描班，你可以更加开心地画画了。"我听后，差点儿跳了起来，开心得手舞足蹈，"真的吗？我可以真正地开始画素描了，太棒了！"

有人说，我的快乐实在是太简单了，但我觉得，最令我快乐的不仅仅是报班学习画素描本身，而是在我最想做的一些事情上，妈妈总会出现，像哆啦 A 梦一样，帮我实现我的梦想。妈妈还拥有哆啦 A 梦没有的能力，就是能够时刻关注着我，发现我的小心思，以及她会格外关注我的健康。

我是一个很喜欢读书的人，经常会看书入迷，我不知道大家是否跟我有同样的体验。我沉浸在书的海洋里时，其他的事情我都不管，只想看书。哪怕是临睡前看书，我已经很困了，但还是会努力地让自己清醒，继续看书。这时，妈妈总会出现，把我的书抽走，让我立刻睡觉。起初我还很不高兴，有一种梦想破灭的感觉，但久而久之，我理解了妈妈的用心，再爱学习，也要注意劳逸结合。

无论是看书、学习、画画、跳舞，妈妈都会一直在我身边支持我，我想这也是我能够快乐成长的原因。

我希望正在看这本书的你，生活中有家人的支持与关爱，学习中有朋友、同学的鼓励与支持，这也许就是很好的人生体验吧！

彭子桐

出生年月：2011年10月

获得荣誉：

第十二届香港国际钢琴邀请赛二等奖

中艺星光杯全国艺术人才成果展广东省总决赛钢琴银奖

中艺星光杯广东省总决赛形象大使

国际青少年音乐美术艺术节钢琴银奖

神墨杯心算小博士争霸赛一等奖

师长评价：

子桐是一个活泼开朗的女孩子，在学习上，有着不服输的倔强，曾为了拿到一个英语演讲比赛的一等奖而默默发力；在生活上，有着看似幼稚的纯真，给人的印象是没心没肺。她待人真诚，喜欢结交朋友，小小年纪就有了不少闺蜜。她的情感十分细腻，对使用过的物品总是无法断舍离，对身边的小动物总是充满爱心，有时，她会为家里做菜宰杀动物而大哭一场，在无忧无虑的年纪，却养成了爱哭的“毛病”，大哭过后，她又总能很快自我调节，转身在浴室开起“个人演唱会”。希望她能够一直保持这份善良和纯真，过开心、豁达的人生。

坚持的力量

我是彭子桐，今年 11 岁，是一名五年级学生，在金海岸实验学校读书，我在学校连续两次进入全年级前五十名。我还是一名音乐爱好者，我非常喜欢唱歌，几乎每天晚上都会练习唱歌。有一次唱歌海选，我被老师重点表扬。我喜欢弹钢琴，参加过广东省的钢琴比赛，在比赛中拿到了银奖。

我是一个不太善于沟通的人。刚开始，爸爸妈妈让我学习钢琴的时候，我非常兴奋、非常开心。我见过电视上别人弹钢琴的样子，我觉得很有意思。当我第一次摸到钢琴的时候，我更加喜欢，因为我感觉我弹的每一个音都非常有趣，还想以后能弹一些很好听的曲子。可是，慢慢地，我发现我每天练习的曲子，都不是那些我喜欢的很好听的歌，而是《小星星》之类的简单曲目，我就开始有些厌倦了，觉得没意思。

于是，我就想跟老师说我想弹一些我喜欢的曲子，但起初我不太敢说，可是如果不说的话，就不能弹一些好听的曲子了。一想到这里，我觉得不甘心，我要尝试一下，于是我鼓起勇气，向老师说明了我的想法："老师，我可不可以学习一些好听的曲子，你可不可以不要只教给我一些简单的、我不喜欢的曲子啊？"老师听完之后，没有立即回答我，而是思考了几分钟，然后说："桐桐，不着急，这样，我考虑一下，也和你的爸爸妈妈商量一下，再给你一个答复好吗？"我点了点头，老师走出了房门，去跟我的爸爸妈妈沟通了差不多有 10 分钟，然后回复我："可以了，你可以弹奏一些你喜欢的曲子了。"老师笑着说道。我开心得手舞足蹈，紧接着，老师又说道："但是，那些你认为不好听的曲子也是需要练习的，这是基本功，所以，我们可以练好听的曲子，但也要练习那些你不喜欢的曲子，你看怎么样？”我根本没有想那么多，只要能够练习我喜欢的、好听的曲子就可以了，于是我马上就答应了。

从这一刻起，我非常开心，终于能弹一些我自己喜欢的曲子了，我又对钢琴提起了兴趣。后来，我才知道，老师之所以犹豫，是担心我在考级或者比赛的时候，弹奏这类曲子，很难通过或者拿到好名次，但令人惊喜的是，我弹奏自己喜欢的曲子，拿了钢琴比赛的银奖，打消了老师的顾虑，我想这是对我弹奏钢琴这件事情最大的肯定。在弹钢琴的过程中，通过与老师和爸爸妈妈沟通，便可以弹奏自己喜欢的曲目，这是我第一次感受到沟通的力量。我始终在想，是什么给了我力量，让我这个不太善于沟通的人，能大胆地跟老师进行协商？我想来想去，可能只有一个理由，那就是音乐，音乐给了我十足的力量。

音乐不仅仅让我懂得了沟通的力量，还给了我坚持梦想的理由。

除了钢琴之外，我从小就热爱音乐，每天都跟爸爸妈妈一起唱歌。小时候，我的嗓子一直很哑，唱歌也有点跑调，因此很多人都说我唱歌难听。我听到大家的反馈后，多少有点难过，因为得不到认可和赞许，所以有时候想放弃唱歌。

但有一次，我陪爸爸妈妈看《歌手》节目，当看到我的偶像华晨宇唱得那么好听时，我也不由地跟着唱了起来。爸爸妈妈看我唱得这么起劲儿，状态很好，并且歌声还很好听，于是他们也一起唱了起来，就这样，我们唱到了节目结束。爸爸妈妈说：“桐桐，你歌唱得真好听。”我得到爸爸妈妈的赞许，不自觉地就笑了起来。就在那一刻，别人看起来微不足道的认可，却帮助我重拾了信心。我想坚持唱歌，像我的偶像华晨宇一样受人关注，想把我的唱歌梦、明星梦进行下去。之后的每一天，我都在练习，我还参加了一个音乐比赛，在那次音乐比赛的海选中拿到了优秀奖，并且还受到了评委的大力表扬。那一刻，我觉得以前别人的不认可，比如说我唱歌跑调等，我都不在乎了，因为我知道站在台上唱歌的这一刻，我离自己的偶像又近了一步，这是我最开心的时刻之一。音乐自带的力量让我坚持不懈地走下去。

我想坚持是一种力量、一种品质，体现在方方面面，当我们坚持下去，即使在不同的事情上遇到困难,也可以努力地进行下去,直到收获成果。

除了音乐比赛之外,我还参加过大大小小的其他比赛,也在不同的比赛中遇到了挫折和困难。

我记得,我曾经参加过一场英语演讲比赛,当时的我非常紧张,不是因为我是比赛新手,恰恰是因为我曾经参加过一次比赛,而且在上一次的英语演讲比赛中,我拿到了三等奖。可能很多人认为三等奖已经很好了,但其实这个比赛的三等奖相当于鼓励奖,我们参加过的选手都知道。因为上一次不算成功的经历,所以我对这一次比赛也没有很大的信心。

为了避免自己一个人上台,我在比赛允许的范围内,挑了一个双人合作的节目,这个节目是需要妈妈来协助我的。我和妈妈一起,买了比赛所需要的道具等,之后每天进行练习,希望两个人配合得更有默契。

但在练习的某一天,我心情不太好,不想练习,妈妈告诉我要坚持每天练,这样才能拿到好名次,但是我那天是真的不想练,妈妈就随口说了一句:"那到时候,你就再拿一次三等奖吧。"妈妈不经意间的一句话,突然点醒了我,也让我意识到:我在乎的是能不能比上一次有进步,我不能够付出了而没有收获啊。那一瞬间,我顿时想练了,因为我真的不想再拿一次三等奖了,我希望自己的付出有回报,于是,那段时间,我跟着妈妈练了好多遍。

到了比赛那天,我还是非常紧张,我害怕自己说错词。随着时间的推移,一个一个同学讲完下台,离我上台的时间越来越近了,我十分紧张。这个时候,妈妈似乎看出了我的烦恼,于是走过来跟我说:"加油,我们练了很多次,已经很熟悉了。放轻松,不要太紧张,一定会有好的成绩的。"听完妈妈的话,我松了口气,心里想着:彭子桐,你要加油,放轻松!于是,我抬头挺胸地大步走上了台。在讲的过程中,虽然内心有些忐忑,但想到妈妈会支持我,我就被一种无形的力量一直推动着,完成了英文演讲。讲完以后,我回到了观众席,虽然还是会去回想刚才发生了什么,回想自己表现得怎么样,但还好都讲完了,我转头看向妈妈,妈妈露出了会心的笑容,我想没什么可怕的了,于是安安静静地等待别的同学讲完。很快,所有的同学都演讲完毕,评委也已经打好分了,到了宣布名次的环节。先是颁发三等奖,我心里想，最差就是跟去年一样嘛。但是三等奖里没有我，我很开心，心想我有机会拿二等奖，只要能拿一个二等奖，我就很开心了。结果，二等奖宣读完毕后，也没有我，我心里的喜悦立马转变成了慌乱，不会没有获奖吧？正当我还在慌乱的时候，评委念道："下面，我来宣布比赛的一等奖，一等奖的获奖同学是彭子桐。请彭子桐同学上台领奖！"我惊讶极了，没有缓过神来，我是一等奖？是我吗？妈妈拍了拍我的肩膀说："快上去领奖啊！"我才确定真的是我获得了一等奖，我缓慢地走到了舞台上，拿到了评委颁发给我的奖状，开心地笑了起来。领奖之后，有好多人来夸我，赞美我今天的演讲，我也情不自禁地笑了起来。这就是坚持带给我的力量，让我一次一次地突破困境，收获成功。

坚持也帮助我在学习上连续两次大考都进入全年级前五十名。在我们学校，进入年级前五十名不是轻轻松松的事情，是要花一些工夫的，还需要一些方法。我在这里总结了 4 点，分享给有需要的同学。

1. 首先要认真听讲，可以买一个笔记本，记录重要的知识点；

2. 每天都按时完成老师布置的家庭作业，不会的要及时问老师和家长；

3. 学新知识的时候，要及时搞懂，不要等考试的时候才追悔莫及；

4. 每天都要复习和预习。

做到以上 4 点，肯定不会考得差，再细心点、别马虎，并且遇到困难坚持下去，就可以取得不错的成绩啦。

我希望每一位翻开这本书的同学、朋友，都能从中获得力量，特别是坚持的力量，它会帮助你不断成长与进步。

魏雨彤

出生年月：2007年6月

重要荣誉：

河南省郑州市金水区实践创新好少年

参加“舞动中原”2017 年河南省少儿舞蹈比赛，获得“中原之星”称号

获得 2018 年河南广播电视台小记者俱乐部“迎春花开大中原”“最具才艺少年”称号

获得中国民族民间舞社会艺术水平等级八级证书

获得第九届“舞动中原”大型电视春节晚会“优秀小演员”称号

一个女孩的成长

“有人问，你是害怕坐错车，还是错过车？错过车，因为坐错车，至少还有沿途的风景陪你。”

这是一个关于成长的故事，一篇写给自己的文章，纪念我和大多数人平凡的青春。

比起父辈，我们拥有更多的选择，拥有美化程度更高的好环境，但在被点燃之前，谁也不知道自己究竟需要什么，于是我们找啊找，一边看风景，一边慢慢寻找。

这样的探索，似乎不能说是平凡，而是独属于我们这代人的独一无二的成长记忆。

童年是梦中的真，是回忆时含泪的微笑

我出生后的第 8 个月，决定创业的妈妈把我送到了爷爷奶奶身边。在老家，我肆意、快乐地成长。两位老人把我捧在手心里呵护，教我用放大镜看昆虫，在夏夜听蛙叫虫鸣，买酒心糖并剥给我吃。母女的血缘是隔不断的，妈妈每次回来探望我，都哭着返回郑州。那时的我，对城市充满了恐惧。

9 个月后，妈妈把我接回了郑州。为了边工作，边照顾我，她决心再次创

业，在家门口办了一家幼儿园。随着幼儿园的小朋友逐渐多起来，每次妈妈抱起其他孩子的时候，我都会直勾勾地瞪着，两只手攥在一起，攥得发白。当时因为小，无法说清楚具体的心理活动，但那份愤怒是一直记得的。有好几次，我在想，也许我的妈妈就是大家的妈妈，那不如我回到爷爷奶奶的身边吧！

在学校里，我是个不起眼的学生，和有的同学相处了一年，还不知道彼此的名字，因为我并不会去问别人。每天都有规律地重复着：早起，上学，写作业，玩，睡觉。一个几岁孩子的生活能有多精彩呢？其间，我浅学了很多，如钢琴、游泳、画画、唱歌，可都没坚持下来。我不想承认这是自己，可这确实是自己，散漫、随性，而内心又不知所措。

我愿意吃苦，且内心强大。这是我的选择

五岁的夏天，我去了舞蹈学校学习，可上了4节课之后就放弃了，真不轻松啊，又苦又考验人，爸爸怎么哄我，我都不想参加了。

改变发生在一年后，当我再次看到同学们抬起的脚尖和漂亮的裙摆后，我决定还是要跳舞，我重新走进了舞蹈教室。

幸运的是，舞蹈启蒙老师对舞蹈非常有热情，幽默风趣，有着丰富的表情和肢体动作，对我们既严格要求，又呵护关爱，她说："你要站在自己热爱的世界里，闪闪发光。"这培养了我对舞蹈的兴趣！

一面墙，一面镜子，在日复一日的练习中，舞蹈变成了我的表达方式。吃饭的时候、写作业的时候、走路的时候，我会根据心情即兴创编舞蹈动作，开心地跳起来！我所有的情绪都藏在我的舞里。

言之不足，歌之；歌之不足，舞之蹈之。和全家旅行，来到漓江边，目光所及，尽是江水悠悠，青荇草随风摇曳，我也忍不住跳起舞来，把自己融入这山水美景中，跳出美景里的通灵透彻。

舞蹈让我的生活变得更加有趣，让我更快乐。爷爷奶奶来我家里时，我

会兴奋地邀请他们去客厅，把学到的藏族舞蹈倾囊相授，如藏舞颤膝、冈达动作……刚开始，两位老人家还害羞，不好意思，但在我的“专业辅导”下，爷爷奶奶跳出了人生的第一支舞！

每个不曾起舞的日子，都是对生命的一种辜负

2017 年，我顺利通过了一个全国性舞蹈节目的海选，争取到了参演名额。

编导从北京飞来，带我们排练节目，他的要求非常严格，几个回合下来，有同学承受不住压力，选择放弃离开，在门外陪同的家长也纷纷落泪了。这样低落的情绪不仅让排练困难重重，而且会影响最终的舞台呈现效果。

不能让老师觉得郑州的孩子太娇气！我当时告诉自己：“一定要去上海，参加全国总决赛。不管有多苦，一定要坚持下去，不能放弃！”

舞蹈动作没站稳的话，容易摔。我一次次摔倒，一次次再来。接下来的半年，从海选到训练、参赛、冲刺，经常一练就是 7 个小时。在练习的日子里，演员们一遍遍合音乐、改动作、找灯光、进行上下场配合，我从不请假，从未迟到，经常跳完就是深夜了。回到家后，忍不住瘫软在沙发上，可我能清晰地感受到自己心里的满足。

做自己热爱的事情，不会觉得累！爸爸妈妈每次默默地看着我，觉得很心疼，我说：“爱我就要舍得让我受苦！”

全国总决赛的日子到了，我要去上海赴一场与舞蹈的约会！我自己列采购单，准备物品，收拾行李，十分兴奋！我第一次在没有家人陪伴的情况下远行，每一次出发都是一次成长。

来到上海舞蹈中心，这里有来自全国各地的 3000 多名参赛选手。第

一次踏上大舞台的我，在幕后候场时，紧张得手心里沁出了汗。身边平时顽皮的孩子也认真起来，一遍遍在脑海中彩排，生怕跳错了动作。体会了紧张、激动，我们上场时，嘴角上扬，抬头挺胸，双手放在背后走上舞台，最终的表演惊艳全场，夺得了大赛二等奖！

荣誉给予了我们很多机会，在接下来很长一段时间里，我们到处巡演，每次上场听到阵阵掌声时，我的内心泛起一阵喜悦。我们在舞台上，绽放自己的热情，感染着台下的每一位观众。因为热爱，所以全力以赴！

因为生来便一无所有，所以才拥有无限可能

2018 年，在妹妹出生后，妈妈开始了自己新的事业。忽然间，我感觉妈妈特别忙，变得特别爱读书，人也越来越有趣，经常给我分享很多有意思的书和观点。

8 月，妈妈突然买了 2 张高铁票，目的地是北京。妈妈带着我去了樊登老师录书的现场，所分享的图书是《热锅上的家庭》，樊登老师用一张思维导图，一气呵成地完成了录制！

那一刻，我找到了人生的榜样，我像被电击了一样，再次找到了热爱的感觉。我决定踔厉奋发，扩大自己的阅读量，经常与爸爸妈妈沟通想法，探讨宽广的话题，如宇宙的边界、什么是时间，像一个“思想家”。

我爱上了读书，将巴金的文章读了一遍又一遍，读着很惬意。

我尝试组织了人生的第一场读书沙龙，主题是“知识大迁移”，我不受流程的限制，尝试了很多创意想法，反响超级好。

我开始减少玩乐的时间，在班级里也成立了读书会，每周安排一位同学分享自己的心得。我第一个讲，讲的是《青铜葵花》，讲完之后，掌声不断！

那一刻，好像把黑色房间的门打开了，在黑暗中，我看到一束光倾泻下来，明亮却不刺眼，它是舒适的、柔和的，让人忍不住想要靠近。

我收敛了孩子气，通过读书会，帮更多同龄人养成阅读的习惯，一直坚持了三年。每次开读书会，都有小朋友争着让我签名，还有叔叔阿姨说："你的讲课经验很丰富哦！"我的内心似被暖风轻抚，似被晨光微照。

2019 年年底，我受邀参加了一个有 200 人参加的年会，并做了 5 分钟的演讲——《种下第一颗演讲的种子》，我讲述了组织读书会带给我的改变。

"仪式就是使某一天与其他日子不同，使某一时刻与其他时刻不同。"

在台上，我感觉很美妙，那股热爱的光束在我眼前逐渐晕开，我确信这是经由我创造出来的，并且已经成为现实。

人间步过春光，方知四处有花香

我经历过年级成绩从垫底，逆袭为名列前茅；

从悄无声息的存在，到担任班长，带领全班阅读；

从迷茫偷懒，到全力以赴，感动自己；

从内向迷茫，到重新塑造性格；

从害怕失败，到和妹妹一起，自编自导亲情贺岁电影；

……

不知何时埋下的自信和梦想的种子，已经开始发芽、长大。独属于自己的成长记忆，也将会伴随我，继续追求更多的热爱。

如果我的成长经历，能给你带去心灵启发，那就是我最大的愿望啦！

张笑涵

出生年月：2010年4月

重要荣誉：

2022年获得国民音乐教育大会·琵琶专业独奏（非职业儿童A组）银奖

2022年获得国民音乐教育大会·重奏类（小学组合）铜奖

2021年获得"普乐奖青少年民族器乐展演"琵琶专业独奏（非职业组儿童B组）铜奖

2021年获得"普乐奖青少年民族器乐展演"（小学组合）铜奖

师长评价：

笑涵是个乐观勇敢、善解人意的孩子。从上初中开始，她的自我意识慢慢觉醒，遇到喜欢的事情，意志力就爆发出来了，让我佩服。

伴着音乐奔跑

青春如枝繁叶茂的大树，美好而充满生机，可谁不是从小小的幼苗开始，探索世界的呢？

成长的道路上尽管满是泥泞，但我们选择拼尽全力。

自从我上二年级时，因为一次偶然的机遇，接触了琵琶，不知不觉，从开始懵懂地玩弄琴弦，到如今忘情地演奏，时光飞逝，已经流走了六年。

上二年级时，我参加学校社团，妈妈给我报了琵琶社团。从那时起，我抱起了琵琶，懵懵懂懂地弹着，就迎来了第一次考级。幼稚的我抱着琵琶，忐忑地踏进那古色古香的考场，严肃和紧张的气氛充斥着四周。我小心翼翼地坐上椅子，惊惶地打量着考官，微微踮起的脚尖还有些发抖。我咽了咽口水，小小的手指拨动着琴弦，稚嫩的乐音撞击着我的心。心脏跳得厉害，我一边揣摩着考官的内心，一边注意着手上的动作，只记得走出考场时，后背已经微微润湿。放松了一小会儿，就开始担心考试的结果。在脑海中回想考试时的表现，每一个错误的细节都像刻在了脑子里一般，挥之不去。隐隐担忧又上心头，期待与逃避在心中交织。

我千等万盼，终于得知我获得了优秀的等级后，那发自内心的狂喜和获得成就的自豪感包围了我，那时我上三年级。

就在我沾沾自喜之际，新的挑战如巍峨的山岳挡在我的面前。当时考级的自由度较高，在八级之前，是可以任意跳级的。父母和老师商量之后，我就懵懵懂懂地跳考了七级。于是，一天的二十几分钟练习变成了一两个小时，两个星期一节课变成了一个星期两节课。在作业不多的节假日里，玩乐的时间都用来练习琵琶，渐渐地，我开始厌倦琵琶了。

一次，爸妈都不在家，难得放松的我动起了歪心思。确认爸爸妈妈离开了后，我打开了电视，锁上房门，边弹边看起了综艺。一开始，手指还有意识地拨弄着琴弦，渐渐地，我看入了迷，手上的动作停住了，周围的一切似乎都隔绝在外，专注程度比写作业的时候还要高十几倍，考级、练习也早已抛之脑后。不知不觉，三个小时的时间转瞬而逝。忽然，我听到了熟悉的脚步声和钥匙拧开门锁的声音。我心中一紧，慌忙关掉电视，打开房门，装模作样地练习起来。妈妈的声音在门外响起，我故作镇静地出去。妈妈进来后，一眼就盯上了电视机，伸手摸了摸滚烫的机后板。在死寂的沉默后，一巴掌打了过来，我护住我的琵琶，这一掌结实地打在我的背上，我的泪水流出来了，不知是因为后悔，还是因为疼痛。

从那次起，妈妈就在家里安了摄像头，我仿佛受到了侮辱，千方百计地偷懒、逃避，成绩不断下滑，练琴越来越敷衍，上课的时候，越来越不耐烦。渐渐地，我开始讨厌琵琶，开始找各种理由不去上课。直到有一次，我又不耐烦地轰走妈妈，妈妈终于爆发了，她当即退掉了我的课程，举起我的琵琶就往下砸。神使鬼差地，我护住了我的琵琶，沉重的琵琶砸在我的手臂上，震得我手臂一阵麻。我手忙脚乱地收好琵琶，利索地跑回房间，隐隐约约能听见门外妈妈和老师的谈话声，我小心地抽泣着，却不知道为何明明很讨厌琵琶，又不想放弃。

在浑浑噩噩地过了一个星期后，我勉强打起精神去上课，却发现自己已经掉下了一两节课。听着好友弹出美妙动听的旋律，我心里很不是滋味。因为不熟悉乐谱，我频频被批评，老师的责备是如此的刺耳，我脸上热辣辣的。回到家，妈妈没有责备我。我回忆着过去的努力，心中燃起一股执念，挣脱了内心的枷锁，想着妈妈在老师面前憔悴的样子，我一声不吭地拿起琵琶，仔细回想老师上课讲的内容，一个音符一个音符地弹过来，反复背诵，再重来。门被妈妈悄悄地关上了。一个小时、两个小时、一周过去了，我总算把落下的课程补上了，我松了一大口气，心中的石头落下了。从这天起，我每天的练习时间都在两个小时以上，不偷懒。很快就到了考级前一天，我放下了琵琶，看了几眼谱子，躺在床上听起了录音。第二天，再次步入熟悉的考场，已经没有了当初的胆怯与心虚。端坐在考官面前，回想起第一次来时的胆怯，不禁觉得有些好笑。第一串音符从指尖流出，空灵的声音回荡在耳边，双手渐渐配合起来。这次，我没有去看考官，而是沉浸在自己弹出的曲子里，中途，不小心出了一个小差错，我的心漏跳了一拍，微微皱了皱眉，但很快，我集中注意力，面不改色地跳了过去。等最后一个音符弹出来，我如释重负般地轻轻松了一口气，踩着隐隐回荡的音符，走出了考场。那次，音乐融入了我的内心，成为我的动力，照亮我前行的道路。

时间过得飞快，一晃就到了毕业季。2022 年对我来说，是富有挑战性和有压力的一年，在去年的九级考试中，我仅差一分，与优秀失之交臂，失望与恼怒包裹着我。我顶着压力，报考了两届国际比赛，也迎来了我十级的考试。

第一次初赛，我没有当回事儿。毕竟临近十级，算是小有成就，老师的赞赏也渐渐多了，我认为进一个比赛的初赛还是很容易的。在比赛的最后一天，我信心满满地去找老师录制，却不承想，第一遍的感觉并不好。老师眼里的失望，让我心中骤然一空，我咬着唇，安慰一下自己，调整心态，继续录制。这一录，就是一整天，从一开始的信心满满，到稍有些不安，到夜晚降临时的急躁，最终，分数非常危险地稍高于及格线，哪怕稍微弹错一点，就会被淘汰。这把我的优越感消灭殆尽。

初赛过后，我的状态就一落千丈，心如乱麻，老师眼里的失望是清晰可见的，仅仅一眼，就印在了我的心里。

在接下来的两个星期中，我在妈妈苦口婆心的安慰下，重新振作起来，一个音一个音地纠正，不断地在网上找视频，向他人学习手法。我第一次发现，原来音乐之间也有天差地别，我一遍又一遍地看着、听着，在空闲时间里，有意无意地打着节拍，默默地向上够、向前跑……

两个星期后，我颤颤巍巍地跟老师说，我想要重录。老师跟我约好了时间，就挂断了电话。我拿起了琵琶，戴上耳机，播放起了网上借鉴的音频。耳机里的声音响起，我踩着它的节奏，演奏起来。慢慢地，演奏到一半，我却发现有一处的节奏处理，我和音频中的不大一样。我有一些犯愁，我到底是坚持自己的想法，还是照着他人的旋律来演奏这首曲子？我照着音频中的旋律弹着弹着，越弹越别扭。我冷静下来，仔细分析，自己的节奏偏活跃，跟音频中的并不一样。我停顿下来，喘一口气，去衔接接下来的旋律。我一咬牙，将自己的感情赋予到这首曲子中去。

第二天，到了录音的时候，老师的鼓励让我更加坚定了心中的信念。坐在摄像头之前，我强迫自己放松下来。在弹奏的过程中，我看见老师满意的表情，更加增加了我的信心。慢慢地弹奏到了我与音频中有差异的地方，我在电光石火之间，犹豫了一下，然后毅然决然地按照自己的感情弹奏下去。我心虚地瞟了一眼老师，老师眼中一直流露出赞赏，让我信心倍增。一曲终了，我松了一口气，呼出了前几天的挫败感，心中的郁闷一扫而空。

后来，在这场极为重要的复赛中，在跟我一起参加的七个人中，我是最高分。

在决赛之际，也正值考级，需要换一首新的曲子，也是考级的曲子。经过三个多月的精雕细琢，终于等到了决赛这一天。我做足了准备，信心满满地准备开始。因为是比赛，我的心里所承受的压力越来越大，汗水不自觉地从额头沁出。当时正值夏季，录音室里的空气非常闷热，汗水顺着额头、眉骨，和着粉底流入眼睛，我下意识地眯起眼睛，心中十分慌乱，眼睛中传来隐隐的疼痛和酸涩。

我微眯着眼睛，努力克服眼中的难受，眼皮疼得微微颤抖，我咬牙忍着，努力控制面部表情，不让摄像头录下我的异常。这时的我，仅仅凭着三个月的肌肉记忆，机械地弹奏着，已经出现了几个错乱的地方。我深吸一口气，默默地给自己打气。我渐渐镇定下来，头部僵立，一动都不敢动，一想到刚出的差错，心中就无比担忧。考完后，我心不在焉，不敢告诉妈妈刚刚出的差错，也不敢去想会是什么成绩。我还清晰地记得，那一段时间，我度日如年，每天早晨都要去网上搜索自己的成绩，颤抖地点击鼠标，发现成绩没出来，松一口气，却立马又揪起了心，继续等待。半个月就在这样的煎熬中过去了，终于，我得知我拿到了银奖，我的心落下了。现在，在我看来，奖项已经不重要了，回首这六年的光阴，努力都变为成果和落叶，终究回到了我这里。在这其中，我收获了友谊、技能，还收获了生活的经验，体验到了坚持的美好与快乐。

很高兴，一路跌跌撞撞，从一开始跌得鼻青脸肿，到现在昂首阔步，付出的努力终有回应，感谢每次想放弃却都坚持下去的自己。

第四章

沟通与心理

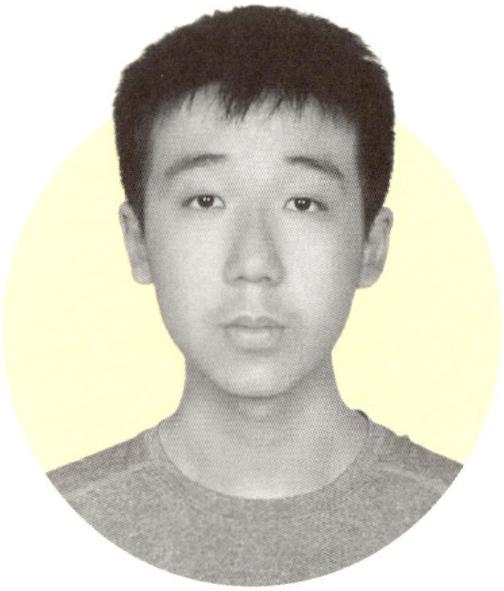

姜双南

出生年月：2008年12月

获得荣誉：

2022年广东省青少年环保创意大赛初中组二等奖

广州市英东中学2021—2022学年拳击活动金奖

师长评价：

姜双南同学领悟力强，为人诚实，品行端正。学习时总是专心致志，从他的眼神中，能够看到双南同学的自信。双南同学的适应力很强，他看似沉静，其实性格开朗，外向好动，并且有很强的思考能力。对于双南同学，我希望他耐得住寂寞，埋头苦读，把成功掌握在自己的手中。

影响沟通的因素

你是否有这样的感觉：我们现在生活在一个节奏越来越快的世界中，仿佛与儿时无忧无虑的生活渐行渐远，学业的压力、工作的压力、生活的压力就像一座座山峰，把我们压得喘不过气来。压力已经越来越年轻化，这对社会的影响也越来越明显，从个体成长的角度来说，有些时候会让人害怕打乱计划；从家庭关系的角度来说，会因为压力导致沟通不畅，影响家庭和睦。

从个体成长的角度来看，就连刚刚 16 岁的我，也已经明显感受到学业的压力。虽然正在读高一，但我已经通过老师和家长，意识到上大学应该做好充分的准备，于是我现在已经开始忙碌。这些压力不仅仅是外界给我的，也是我对自己的要求，因为我自己有很想去的理想大学，我希望自己可以做更多的准备，因此，我需要参加学科比赛、写作营等，使我在申请大学时提交的个人陈述更加有说服力。充实而紧张的一天从七点起床开始：早饭、早课、午饭、下午课程、复习与预习、晚饭、晚自习，再到熄灯睡觉。中间固然有休息时间，但节奏是紧凑的，我需要高效地完成我的计划。任何意外都会使我感到不安，让我感到“脱轨”。跟我一样的年轻人不在少数，值得庆幸的是，我在充满压力的学业环境中，获得了父母极大程度上的鼓励、支持及指导，所以没有出现学业压力与家庭关系不和等问题，但这样的好运并没有降临在每一个年轻人身上，甚至大部分人都面临着学业和家庭的双重问题。

如果说，学业压力是一种社会现象，我们要适应当下，那家庭关系问题就是一种可以通过表达、交流、沟通等有效手段去解决的个性化问题。简单来讲，家庭关系问题相对于学业压力来说，更容易通过有效沟通的方式去进行缓解、调节甚至改善。

实际上,许多与我同龄的青少年的学业压力不单单来自社会和学校,更多来自家庭,因为他们并不能有效地与父母沟通,父母的建议时常使他们感到困扰。为什么会使他们感到困扰?因为他们会认为“父母与时代脱节”“父母跟我想的不一样”等等。当然,困扰也不全是单方面的,更多的是双方的。不仅仅是青少年自己,他们的父母也会因为社会对升学的压力、对孩子的期待、自己生活中面临的压力而感到困扰。当双方的困扰情绪发生碰撞,就有可能产生冲突。

如何在学业压力客观存在的情况下,缓解家庭关系所带来的压力呢?有效沟通不失为一种很好的方法。有效的沟通可以在极大程度上促进父母与子女之间的交流。

很多人认为自己很会沟通,实则不然,不是所有人都能够通过沟通解决问题、改善关系。那到底什么是沟通?沟通是人与人之间、人与群体之间思想与感情的传递和反馈的过程,以求思想达成一致和保证感情的通畅。沟通的基本结构包括信息、反馈、通道三个方面,缺少任何一方,都完不成沟通。简单来讲,沟通是人们交流、反馈信息的方式,我们通过沟通,在某一方面达成共识。沟通效率则是你与对方交流信息并达成共识的速度与质量。

速度快的沟通可以节省时间,而高质量的沟通会使解决问题的效果更加好。所以,有效的沟通可以更好地缓解关系、解决问题。但为什么人们很难有效地沟通呢?主要是因为沟通会被其他因素所影响,影响沟通有效性的因素有三个:环境、情绪、性格。

环境,比如嘈杂的环境会使语言交流的信息接受与反馈的效率大幅降低。

情绪,情绪影响着双方对于信息交流的接受程度。

性格,有些人是主观性人格,这类人大都比较强势,对于自己的观点十分肯定;有些人是顺从型人格,较为温和且对于理性观点的接受度高。通常,在人与人的沟通中,若一方是主观型人格,另一方是顺从型人格,通常沟通效率较高;而双方都是主观型或顺从型人格,则会降低沟通效率。

在这三个因素中，情绪对于沟通效率的影响比另外两个更大。因为嘈杂的环境会使人产生情绪，一般是负面情绪，会让人变得烦躁。性格也会影响沟通时的情绪，有些人易怒，有些人易悲等等。由此可见，情绪对沟通的影响相对较大。

在沟通过程中，如果一方带有情绪，不论是愤怒，还是悲伤，都可能会影响另一方的客观判断。

《人生百慕大》的作者麦家的父亲是个暴脾气。一天，父亲要麦家下楼去帮他买包烟，麦家买了烟回家，却被父亲愤怒地训斥，问他为什么不买打火机。

麦家回答："你没跟我讲要买打火机啊。"

父亲更加生气了，暴跳如雷："你没看到家里的打火机没气了吗？没气了就要再买一个，这还需要我提醒？"

在这段对话中，两人的沟通没有达到有效的层面，其中一方产生了情绪，从而受到了情绪的影响。解决打火机没气的方法有很多，比如父亲可以下一次再提醒他去买或者现在下去再买一次，但这些方法父亲都没有选择，而选择了发泄情绪，这就无法有效地沟通，反而会因为情绪而导致双方关系不好，也无法解决实际问题。在愤怒、悲伤等极端情绪的影响下，人们可能会对自己的判断更加坚信，可能听不进去他人的建议或者有帮助的信息，更无法对这些信息进行接收与反馈。

美国东北大学的一项研究表明：情绪强度越高，对于沟通效率的影响就越大。如果双方带着积极情绪去沟通，效率会提升；反之，则会使沟通效率下降。但强度过高的积极情绪也会影响判断。综上所述，在信息交流中，尽量避免情绪是提高效率的最优解。

要解决沟通中的情绪问题，我们首先要知道情绪是什么，以及为什么会有情绪。知道了这些，我们才能更好地解决情绪问题。

心理学中对于情绪的定义是：情绪是一种由思维、感觉和行为表现综合组成的生理和心理状态。这个定义中有两组关键词，一组是思维、感觉和行为，一组是生理和心理。换句话说，情绪不是单纯由某个事件引发的，而是一个包含思维、感觉和行为的综合产物，而且情绪不是单纯的心理状态，它也是一种生理状态。比如，在生气时，身体会分泌儿茶酚胺等皮质激素，从而影响人的心理状态，使人处于一种不理智的状态，对认定的事情更加肯定，不愿意去接纳其他看法。

知道了情绪的由来，我们再看麦家的例子。父亲看到儿子没有买打火机，因为激素的分泌，进入愤怒的生理及心理状态。这时，他是听不进儿子为自己辩解的，从而使双方平等的沟通、交流变成了训斥和受训。与此同时，儿子会感到委屈（消极情绪），他按照父亲的要求去买了烟，父亲不但没有谢谢他，反而把他训了一顿，他觉得自己被冤枉了。儿子受到了不公正的待遇，这个待遇让他产生了愤怒、沮丧等负面情绪，信息交流效率在此时降到了最低点。换句话说，沟通的双方现在谁也不服谁，拒绝接收与反馈对方的信息。父子俩的争执也是大多数家庭矛盾与社会摩擦的缩影，愤怒等负面情绪并不能说服另一方，也不能达到双方想要的结果。

当然，凡事总有两面性，我们不能只看到负面情绪给人们带来的影响，也要关注正面情绪给人们带来的好处。如果你是麦家，当遇到像这样的事情时，你会用怎样的情绪来处理呢？

除了激烈对抗，我们还可以选择另一种情绪状态——理性温和，可以尝试尽量保持温和、理性的沟通状态。由自己来决定沟通状态，而不是由对方的负面情绪来导致自己的非理性，从而处理问题。

做自己沟通状态的主人，做到这一点并不容易，因为在沟通中，我们会遇到形形色色的人，有蛮不讲理的、霸道的，也有理智的、顺从的。拥有好的沟通状态的人会更加愿意去和理智的人交流，因此信息交流效率也更高，但是我们难免会碰到蛮不讲理的人，当然，给我们不舒服感觉的人，我们可以选择不理他，但我们不可能在所有的场合都选择这样的方式。如果我们判断对方是社交中不重要的人，我们没必要给他好脸色看，但如果是相对重要的人呢？例如父母、老师、领导、客户，这种方法可能就行不通了。这时需要我们调整自己的情绪，尽可能不受负面情绪的影响，同时，也要考虑是否能够承受负面情绪所带来的不良后果。如果到了几近不可控制的程度，尝试让自己脱离出来，用深呼吸、喝口水等方式，暗示自己现在要尽可能保持理性，慢慢调整自己的情绪，完成情绪处理阶段。只有处理好了情绪，我们才能进行下一步交流。我们要引导对方，现在任何一方的激烈情绪都可能影响双方的沟通效率与沟通状态，并且无法达成想要的结果。你可以尝试这样与对方沟通："你一向都很理性，说话也很有分寸。你今天可能情绪不好，我们可以以后再聊这个话题。"这几句话包含了几层意思，先是指向对方理性、积极的一面，接着是对今天的沟通状态表示理解，最后探讨可能的解决方法。如果对方意识到了自己的情绪并且调整了过来，那么这时，我们的策略就成功了，可以进行下一步交流，处理好情绪后的交流是高效且愉悦的。如果对方还是没能调整过来，就可以结束当下的话题，毕竟带着负面情绪的沟通没有任何效率可言。

沟通与协商本来就是人类独有的求同存异与达成共识的方式。在这个过程中，我们需要的是冷静、理性的思考与衡量，而不是被负面情绪控制的特立独行、我行我素。只有正视、重视、管理好情绪了，你才能正常、正确地思考，做出明智的决策。你不正视、重视、管理好情绪，情绪不会自动消失，你忽视、压制它，它就会像被堵截的洪水猛兽般扑向你，耗尽你所有的心理能量，把你的人生变为一片废墟。做情绪的主人，用它提高你的沟通效率，去追求你真正想要的生活。

齐妙

出生年月：2005年11月

重要荣誉：

西安市高新区区级三好学生

YIC 青少年影响力一等奖

USAD 美国十项全能科学金奖

USAD 美国十项全能演讲银奖

USAD 美国十项全能面试银奖

USAD 美国十项全能经济学铜奖

USAD 美国十项全能社会科学铜奖

China Thinks Big(创新研究项目大挑战)二等奖

讲出我心

我上高中的第一年，是在白色聚光灯和同学们的掌声中结束的。像大家认知中的“好学生”一样，我在考试中取得了不错的成绩，在学期期末，站在礼堂的舞台上和大家分享学习经验。

我有些激动地开始演讲，直到我讲完最后一句话，才真正意识到，这一年彻底地过完了，面前的观众和多年前的重合了。

糟糕的开始

那是我第一次登台，参加初中 TEDx 演讲的选拔赛。上台前，我是背着巨大压力的，因为需要用英文演讲，而且我算是一个怯场的人，害怕面对众人说话。

在我前面上台的选手是我很要好的朋友。与我不同的是，她的英语非常流利，从小接受的是更加与国际接轨的教育。她很清楚，在这样的舞台上，面对着一群外籍打分老师，表达的目标是什么，要如何准确表达。尤其令我印象深刻的是，因为不允许使用 PPT，她制作了彩色纸片，在上面标记了她每段的重点，另辟蹊径地抓住了所有人的注意力。而且，读初一时，她就写出了一篇关于种族歧视的文章，高立意，高水平，与好友间的差距令我倍感压力。

我拿着稿子站在台上。那一刻,自己仿佛站在悬崖边上,摇摇欲坠。坐在第一排的评委严肃地盯着我,我背好的词一下子都忘了,脑子里想的是:他们在给我打分,我说的每一句话都会被评估。我的站相好不好呢?我的手好像不该摸裤边。我的牙齿在打战,声音在发抖……接下来,自己像是走进了云里雾里,已经不由我掌控了。从背错第一个单词开始,就仿佛打开了错题集,舌头不停地打着绊子。

讲完后,我听到台下稀稀拉拉的掌声,鼻子一下子就酸了,我感觉自己和好友之间隔着一条无法越过的鸿沟。

赛后,无须别人通知我,我就知道自己已经落选了。在那之后,一遇到上台演讲和当众说话,我就想逃之夭夭。“麦克风综合征”还会让自己在心里设限:我不擅长演讲,就像我不擅长做许多事情一样。在初中,我的成绩一直不是很好——初一时,曾排名倒数,虽然去新西兰参加夏校项目让我找到了许多动力,但努力之后的成绩也只排到了班级的中游,高不成,低不就。

普通高中生如何演讲

人的成长似乎充满了不可预测性。初中三年,成绩都徘徊在班级平均分上下的我,中考超常发挥,考出了三年来的最高分!来不及总结经验,就收到了来自家人和同学的祝贺,“小瞧你啦”!“好运气爆棚”!

在学生时代,分数是老师、家长对学生最重要的评估指标之一。如此意外的高分和大家的刮目相看,对我的心理暗示非常大!我好像一下子就开窍了。

进入高中后,超常发挥的分数,以及在新生夏令营中突出的表现,让我获得了在开学时作为新生代表发言的机会。开学典礼意味着新学年进度条的开始,更是一个学校传递教育理念的契机。当这个极其重要的任务交到我手上的时候,我简直不敢相信,仿佛那一刻真的拿到了人生的逆袭剧本。这也让我意识到,是时候走出安全区,做一些富有挑战性的事情了。我将会在一所新的学校,成为一名“好学生”。

因为拥有了“新生代表”的标签,我获得了很多能在公共场合演讲的机会。除了公开的演讲,作为学生,我们在生活里面会遇到很多需要临时发言的场合。我还带动演讲社的同学,多寻找这样的场合,让自己在日常生活中也能开展类似的训练。

尽管每次开口前,我还是要调整状态,担心准备得不够充分,但是一站在台上开始讲,我会马上进入状态。每多一次公开演讲的经验,我对舞台的掌控感就越强。慢慢地,我接受并喜欢上了自己作为内容输出者的感觉。通过公众演讲,我还开始担任班长,竞选成为本届学生会主席。

我希望能给观众带来更多的启发,而他们的认可是我最大的正向反馈。因为越来越自信,我能在任何场合即兴地发挥,比如,在同学们因为运动会排练而感到疲惫时,我主动站上台去鼓舞士气。我好像拥有了一种开口就可以吸引大家注意力的能力。在越来越多次演讲的锻炼下,我总结出了一套自己无意识就会去遵循的体系。

不要小看故事的魅力

得益于从小对于小说的喜爱,我的肚子里积累了特别多的故事,而一个有趣的故事可以很快地吸引观众的注意力。在演讲的开始,我擅长通过讲故事,带动大家思考,令听众感同身受,并做出积极的行动。

适当的反驳很出彩

如果想让自己的演讲有一个令人记忆深刻的点,那你需要一个转折。这个转折可以是提问,也可以是对自己抛出的论点的反驳。自己与自己辩论，一定会让观众听起来感觉很爽。

高手都会精心准备

准备每一次正式或即兴演讲的过程，其实都是对自己已有知识、观念、情绪反复梳理的过程，而且往往还需要获取、思考、评价、运用新知识。

做个跨度较大的升华

以前，我总认为升华部分都是干瘪瘪地说场面话，但随着见识越来越多，才发现好的升华，都是站在高楼上往下看，能带给观众全新的视野。

让我印象特别深刻的是，曾经有一个演讲的主题是关于中西方的差异，最终讲到文化二元性的概念，那是我第一次感觉自己思考问题的方式被颠覆了。往后，我也更加认识到了自己输入部分的不足，所以更加渴求历史、哲学类的书籍，追求对跨学科知识的融会贯通。

用阅读丰富思维

随着逐渐输入，我发现了，在表达上，新的困局是缺少深度阅读导致词汇量匮乏。如果肚子里没有货，是不可能做到发言有深度的。

我的演讲教练也对我说，演讲的技巧只是辅助，而自己多思考、多看书、多积累，才是表达的核心。有段时间，我跟同学讨论话题，在描述的过程中，不断地说“嗯……”，“然后……”，虽然我的内心世界很丰富，但因为词汇很匮乏，思维也逐渐迟钝。

于是，我开始扩展阅读的广度，看文学，看人物传记，看《枪炮、病菌与钢铁》，看费孝通的《乡土中国》，看罗素的《西方哲学史》……读得越多，就越能感到自己的无知和渺小，迫切想读得更多。

看略萨的《城市与狗》，秘鲁的首都军事学校的故事带我反复思考人性的善恶和自由选择的关系；

看戈尔丁的《蝇王》，我建立起了对人性恶的防范意识；

看斯坦贝克的《愤怒的葡萄》，我看到了农民对苦难的无力感，千万吨粮食被资本家倒掉，也不给受饿的劳动者，他们甚至找不到说理的地方，但这本书也传递了人类最朴实的生命意志，那就是活着。

经历过大痛苦，才不敢在小烦恼面前抱怨。我跟随着一本一本经典，更新我的思考模式。在这些书里，我逐渐形成了自己的世界观、人生观和价值观。当别人向我倾诉困难的时候，我能跳出来，站在更高的维度上去思考。

这些积累塑造了现在的我，也丰富了我表达的内容。在十六岁的当下，我希望能表达出更多属于自己的思想，也祝自己能够永远赤诚和热忱，有能力、有勇气站在更大的舞台上，让更多人听到我的声音。

王馨妤

出生年月：2013年1月

重要荣誉：

参加中国美术学院社会美术水平考试，获得速写二级证书

获得上海市第一师范学校附属小学“节约小达人”称号

参加2021年全国中小幼“劳动·创造·幸福”创意活动，获得最佳参与奖

获得2020年上海市“空中课堂”线上美术课程“绘画达人”奖

师长评价：

王馨妤是一个善良、有毅力，也有魄力的孩子。在和同学们的相处中，她总是先人后己，能把别人照顾得非常好。她能和所有人做朋友，愿意正向地去解读别人的用意，并对每件事都给予正向反馈。对于她有把握的事情，她能花十分的力气，把它们完成好；对于她不熟悉的事情，她也愿意大胆尝试，走出自己的舒适区，总结经验，向更高的目标迈进。

披荆斩棘，逆风翻盘

我是上海市某市级重点公办小学四年级的学生，在班级里担任大队长。

同学们说我竞选上大队长，靠的是演讲，我不否认这一点。毕竟现在读小学，大家成绩真的差不多，今天你100分，明天我99分，在零点几分的差距之下，确实是谁在台上表现得更好，谁就能获得同学们更多的票数。我通过认真的准备，最后竞选成功。同学们一个个投来仰视的目光，羡慕我有这样的“超能力”！但其实我心里非常清楚：5年前的自己，不但不擅长演讲，相反，还极度厌恶！

我厌恶演讲的原因可笑又单纯。我外婆在我很小的时候，就喜欢带着我出去，和她的兄弟姐妹们吃饭。那些老人家其实对我都挺好的，在饭桌上总是特别照顾我，我每次都能吃到不同口味的菜，也觉得挺不错的。可每次我吃到一半，大家就会提出让我表演节目。一开始，我觉得没什么，无非是把在幼儿园学到的好听的歌曲和好看的舞蹈在他们面前展示一番，能获得他们的表扬，我心里喜滋滋的。可是当我一点点长大，有时候会在饭局上遇到一些和我差不多大的孩子。我们几个会被轮流叫去表演，但在表演之后，出现了各种以往没有的奇怪的声音：“馨妤，你唱得没小妹妹好嘛！”“馨妤，你跳舞只会这两种，没什么新意！换一个！”一开始我觉得没什么，可当这些声音多起来后，我的内心就越来越难受：我那么认真表演，可你们都说我没人家好，那我还有什么继续下去的意义呢？

我忘了是从什么时候开始，当别人再哄着叫我表演时，我开始抗拒，甚至为了避免被说“不懂事”，我索性不再跟着外婆出席饭局。在幼儿园里，原本上课喜欢积极举手发言的我，越来越不活跃，说话声也越来越小，总害怕自己再说错什么，再被人指着说“不行”！现在回想起来，当时的我，别说演讲了，就连说话都十分抵触。只要人一多，我就感觉浑身上下像爬满了蚂蚁一样受罪！我好想找个地洞钻下去，不想再被别人看到我！

就在我以为我永远不可能站在台上演讲，在大家面前侃侃而谈时，一次偶然的机会改变了我的命运。

那一年，我随着爸爸妈妈去毛里求斯旅游，在地球的另一端，我看到了从未见到过的景象：升在半空中的海平线，真的好壮观呀；满天的星星，让我知道了什么叫星辰大海；我们去了鸟公园，看到和我长得一样高的鸟，我和妈妈偷偷走到它旁边，还和它合了影，真是又刺激又害怕；我们去了鹿岛，那边一整片白色的沙滩好看极了，回来时，还看到水上瀑布，绝对是奇观；我们还去追了海豚，当它们在波光粼粼的海面上竞相追逐时，当它们集体从我们的快艇下方穿过时，当它们集体跃出海面时，所有游客都欢呼了起来！一切都太美好了，它们就仿佛一张张图片，深深地嵌入我的脑海里……

旅游归来，我兴奋地把所见所闻给外公外婆完整地说了一遍，他们一边听着，一边跟随着我的描述，时而紧张，时而放松；时而眉头紧皱，时而喜笑颜开。说完后，大家纷纷夸我记性好，居然把所有细节都讲出来了！

这时，妈妈凑过来，说了一句：“馨妤，看起来你真的很喜欢这次旅行！那我们要不要把这份喜悦和欢乐也带给你幼儿园的同学们呢？要知道，不是每个孩子，都像你一样，有机会去毛里求斯的，但是他们能从你刚才的描述里，知道毛里求斯这个很棒的国家！”

现在想来，妈妈的这番话对我的影响确实非常深远——她告诉了我演讲的理由：把自己的所见所闻所想，通过语言，传递给所有人！也正是因为这个，我改变了对演讲的抵触态度。

当我听到妈妈的话时，那一刻，我心动了，但长期以来对说话的抗拒心理死死拉住我。“可是……可是，我担心我说不好……”我的声音一下子变轻了，两眼委屈地看着妈妈。“没关系，妈妈会帮你的！”在眼神的交汇中，我感受到了可靠与坚定！就这样，我和妈妈开始着手准备我的第一次“演讲”。

妈妈是培训师，平时在外面讲课，所以对演讲非常熟悉。为了保证我出师顺利，我们做了充足的准备。

1. 妈妈让我选出在毛里求斯的旅程里，我印象最深刻的7张照片，妈妈把它们做成了幻灯片。

2. 妈妈让我对着这些照片，回忆出当时的具体情景，以及我在当时具体做过什么事。

3. 我们再给整个故事加了一个开头和结尾，让整个“演讲”更连贯。

除此之外，我还学习了演讲的站姿、声音的大小、节奏的把控等等。虽然整个演讲才3分钟，但我每天花将近1小时来练习和巩固。在整个练习过程中，我越来越自然，越来越熟练，我的声音也越来越响亮，动作也越来越自如。

某一天的下午，班主任老师把我叫上台，让我直接开讲，而她则在后台帮我播放PPT。我一步一步走到台前，拿起话筒，看着熟悉的PPT，我眼前满是一个个旅游时的镜头，它们现在就化为那7个故事，正等着我讲给我的同学们听……

3分钟过得很快，我都没有感觉，就已然讲到了最后一张PPT。当我全部讲完时，我重重地呼了一口气，而此时，同学们居然都纷纷拍起了手！他们有的说：“王馨妤，你讲得真好！”有的说：“我也好想去追海豚。”还有的说：“真羡慕王馨妤啊！”看着大家眼睛里的点点星光，班主任也朝着我认可地点点头。这一次，我初战告捷！

从此以后，班主任就会有意无意地安排“演讲”的任务给我，班会、年级活动等，都会争取机会让我主持，我也每次接下任务，并不负众望地完成。

让我印象最深刻的一次，是在我们幼儿园大班的第二学期末，班主任老师让我主持全年级的毕业典礼。那一次的稿子特别长，信息量非常大，有关于我们国家的党史、关于我们国家的特点概述、关于56个民族的基本概念，还有四大发明、文房四宝、江河湖海等不同维度的细节等……这些对于当年的我而言就是天书，有些根本连听都没有听过。我也不知道哪儿来的勇气，拍着胸脯对班主任老师说“没问题”。

可让我始料未及的是，我每天放学后，回到家的第一件事就是拿稿子出来背，但连着背了两天，还是停留在第一张，背得磕磕巴巴的。看着离毕业典礼的时间越来越近，我却始终在原点徘徊，我有点气馁，也发起了小脾气。妈妈看我状态不对，过来关心我，问我是不是哪里不舒服。可不问还好，一问反而让我突然“破防”，我鼻子一酸，哭了出来。

“你是压力太大了！可是你越急，心就定不下来，无法专注背稿。”妈妈确实比较有经验，一眼看出了我的问题所在。在妈妈的帮助下，我开始用妈妈教我的“延伸法”（即从开头逐句延伸背诵，背会第一句，在背第二句时，把第一句带上；背会第一二句，在背第三句时，再把第一二句带上。如此延伸，直到背完全篇）。从头开始背诵，妈妈在旁边陪着我，帮我对稿。让我意外的是，当心静下来时，背诵的效率成倍地提升，大概只花了 2 个小时，我就把稿件背完了。

妈妈帮助我把每部分的重音和停顿标好，陪我整个串了两三遍之后，就让我自己再看一遍，她去里屋忙一下。不一会儿，妈妈过来了，随之而来的还有爸爸和外公外婆。

“你们不是在里面看电视吗？出来干吗？”我诧异地问道。

“我让他们出来的。这次，你要在全年级一百多个同学面前主持，稿子又比较长，所以我邀请爸爸和外公外婆做群众演员，一起陪你测试一下。”妈妈笑了笑，“你准备好了的话，我们就开始。”

爸爸和外公外婆在我面前落座，我和妈妈则站在他们对面。这种感觉和平时自己背稿完全不一样，我之前背得滚瓜烂熟的稿子，这次背起来，出现了好几次忘词、结巴，我紧张到一只手把小拳头捏得紧紧的，整个身体像一块木头一样，僵硬得一动不动。

反复排练了几次，我才慢慢恢复自然。妈妈再次“加码”，要求大家给出一些反馈，帮助我提前做好应对一切的准备。就这样，一次次地反复练习，我从生疏到熟练，从不知所措到镇定自若，耳旁有一个声音越来越清晰：王馨妤，你一定没问题！

毕业典礼如期而至，我的发挥非常稳定，台词全部脱稿背出，和小朋友们的互动非常活跃，在场的老师们都非常欣喜，结束后，纷纷来我们班，特意对我竖起了大拇指！我很高兴，我通过演讲、主持，能跟大家分享我看到的、听到的和想到的东西。**当你心里的声音能让每个人听到，并能在别人的心中种下种子，并在未来的某一天，看到它们开花结果，何其有幸！**

从此以后，我不再惧怕上台，不再惧怕演讲。之后，在小学里，我参加过演讲比赛，获得了第一名；也通过演讲，竞选上了大队长。这就是我的故事，一个从内向、不爱说话，到现在敢于站在台上，面对几百、几千人，分享自己的想法。

如果你也曾和我一样，不愿、不敢在一群人面前开口说话，不妨先从复述一件有意义的小事开始。通过不断的练习，假以时日，相信你也会和我一样，在说话这件事上重拾信心，在演讲这件事上奋勇前行。

韦雨彤

出生年月： 2008年6月

重要荣誉：

钢琴八级

东方舞二级

2019 年 1 月获得钢琴少儿组金奖

参加校园时代全国青少年电视展演活动，获得钢琴幼儿组三等奖

成长在路上

你们有没有觉得，一部部手机有时候就像一个个手雷，在无数个家庭里爆炸，引发一场场战争。

我的家，曾经就是这样一个战场。

2020 年，我开始居家上网课。之前不愿意给我买手机的爸爸妈妈，无奈地把爷爷的旧手机给了我。手机在手，天下我有。上完网课，我就开始在网上遨游，仿佛走进了一个新世界。在这个新世界里，我认识了各式各样的朋友。

慢慢地，我开始沉迷于网络世界，捧着手机不撒手。爸爸妈妈看了很着急，好话歹话说尽，甚至命令我，立刻放下手机！但我还是自顾自地捧着手机，跟朋友们聊天、打游戏。这就像根导火索一样，手雷一旦引爆，战争就开始了。

妈妈看我天天玩手机，一怒之下，抢过手机，一把摔在了地上，手机被摔得粉碎。那个瞬间，我觉得我的新世界也碎了，我失去了我喜欢的朋友和游戏，那些可以理解我的朋友、可以互相安慰倾诉的朋友、给我带来快乐的游戏，在那个瞬间，都没了。

爸爸妈妈根本不懂，手机对我来说，意味着什么。那段足不出户的时间，手机是我了解新世界的大门，是我的安慰剂。爸爸妈妈只是觉得，我小小年纪，沉迷于手机，就是坏孩子，我不爱学习，只想和朋友聊天、玩耍，就是坏孩子，一切问题都是由手机造成的。

矛盾让问题加重，既然我被指责为坏孩子，那我就坏给你们看看呗！我不仅要玩手机、不爱学习，我还要跟他们顶嘴吵架、拒绝沟通，我就是要成为你们口中的坏孩子。

虽然手机摔碎了，但是网课还在继续呀，妈妈把她的旧手机给我上网课。我拿到手机，赶紧登录微信，跟朋友们恢复了联系，聊天、打游戏，一个不落，坏孩子嘛，总是要继续坏下去的。

妈妈发现信任被辜负以后，非常生气，把手机藏了起来。我在家里翻箱倒柜，到处找，却怎么也找不着。妈妈看到我这么痴狂地找手机，痛心疾首，而又无可奈何，在气头上时，想挥手打我。

我怎么可能被打到呢？接着，家里就开始上演了一出"猫和老鼠"，妈妈追着我到处跑，最后我跑进了卫生间，锁上了门。以前，我也躲在卫生间过，经验告诉我，进了卫生间，锁上门，我就安全了。结果，我错误地估计了妈妈的怒气值。这次怒气值爆表的她，一拳打碎了卫生间门上的玻璃，玻璃碴四处飞溅，妈妈的胳膊上全是血，我的胳膊也被飞溅的玻璃碴割破了。我抬头看到妈妈的眼神，心想：也许下一秒，我就会跟这块玻璃的命运一样。妈妈冷静了下来，把我叫出去，沟通这件事情，虽然最后没有得出双方满意的结果，但是没有再加剧矛盾，已经很值得庆幸了。

因为这次冲突，妈妈开始思考，只解决表面问题，不深层挖掘玩手机的根本原因，会错过假性上瘾的初期阶段，让问题加重。妈妈意识到了，要开始学习如何跟我好好相处。于是，她开始了她的学习之旅，也会带着我一起去学习。

通过学习，她知道了，因为玩手机就认为我是一个坏孩子，是在给我贴标签。贴标签是挺多家长会做的事情，比如，早恋的坏孩子、不爱学习的坏孩子、抽烟喝酒的坏孩子……

这标签一旦给孩子贴上了，你们知道孩子心里会怎么想吗？其实我前面也说了，既然你们觉得我是坏孩子，那我就坏给你们看看吧！

可是，早恋、不爱学习、抽烟喝酒真的就是错误的吗？我们做了这些，真的就是坏孩子吗？

你们知道我们为什么选择早恋、不爱学习、抽烟喝酒吗？你们走进过我们的内心吗？愿意好好听我们说说话吗？你们知道我们最需要的是家长的理解、陪伴与支持吗？

非常幸运，我的妈妈开始学习了，她知道了要理解我，不要给我贴标签，我也学习到了，不要掉进标签的陷阱里。全家人在妈妈的带动下，都开始逐步地学习和改变，家庭氛围开始一点点变好。

妈妈不再命令、呵斥，而是心平气和地跟我谈了手机的使用问题，我们达成了共识：由我自己制定手机使用计划，妈妈监督执行。在正确的方法下，我发现在手机里获得的快乐，没有比在学习和其他兴趣爱好上获得的成就感多！一直到现在，我都是按照自己制定的计划来使用手机，手机在我家，不再是手雷了。

最重要的是，第一次按计划完成时，我很惊喜，原来我可以！在一次次完成自己的计划时，我感觉到，原来我并不需要爸爸妈妈时刻看着我，也能做好这件事，我可以自己管理自己的事情，太有成就感了。

手机这件事在我们家算是过去了，可是生活就是会充满各种风雨，在学校里，我又遇到了更大的挑战。

在初一上学期军训的时候，同学张张跟我很聊得来，我们成为彼此的好朋友，还顺利地成了同桌。我们像连体婴一样，一起认真听课、一起睡午觉、一起下课聊天、一起手拉手去食堂抢饭、一起上厕所双排蹲坑。因为我们两个同样是大大咧咧的性格，在班里，没人不知道我们是最要好的朋友，连老师都经常调侃我们的友谊，那时候，我最开心的时候就是背起书包去上学。

随着时间的推移，同学之间越发熟悉起来。这时，张张身边突然多了一位新朋友，每次看到她们一起玩的场景，我都会感觉到孤独。刚好那段时间，我的前桌小黄经常找我玩。因为对小黄的关心和被张张忽视的失落，我经常和小黄一起，像朋友一样吃饭、聊天，但这令张张很生气，还会让班里的男生骂小黄破坏闺蜜的情谊，我气不过，就跟张张说："是你先和别人玩，不理我的，我和小黄玩没问题啊，而且小黄也没做错什么。"

回去之后，小黄一直说对不起我，插足了我和张张的友谊。那段时间，我一直都很愧疚、自责，是因为我，她才被骂的。后来，张张彻底不跟我玩了，这还挺遗憾的，明明我们之间没有闹过矛盾，我想和她和好，她也不同意。

可有一天，小黄突然告诉我："张张对外说，你是有心机的人，想利用我认识隔壁班男生，才和我一起玩。"

回去之后，我一直和小黄解释，我们玩的时间也有好几个月了，我是什么样的人，她应该是心知肚明的，我解释了好久好久，可是第二天，她还是不愿意理我。我一直道歉，想问为什么，可是没有人愿意和我沟通。因为担心得罪同学，我还产生了焦虑心理。

往后的几天，张张和小黄居然玩在一起了，她们一直在散播对我不利的言论，让班里的女生都不要跟我玩。我不再期待上学，每天都是在委屈、无助中度过的。因为临近考试了，我不想请假，于是每天中午都待在教室里，不去吃饭，哭着和妈妈打电话。

这件事情还没过去，新的挑战又来了。

班级里换座位，我碰到了新同桌硕硕。不习惯的是，他经常上课找我说话，还乱动我东西，偶尔还会言语侮辱我。因为是按成绩调座位的，我想躲都躲不掉。有一天，他还是一如既往地乱动我东西，我实在忍不住，说了他几句，但他根本不听，双方就打起来了。因为不想面对这件事，想逃避跟硕硕是同桌这个事实，于是我请了假，在家学习。

我相信爸爸妈妈会帮我，所以就如实地把事情告诉了他们，过了几天，爸爸就联系老师，找了硕硕的家长沟通。

几天后，我返回学校上课，因为我自己的问题，晚到了几分钟，老师要求我不能进教室，站在教室门口。学校严格要求校服外面不可以穿任何外套，所以在这个冬天的早上，我只穿了一件薄薄的卫衣，一直在教室外，站到全身冰凉。

终于到了中午，同学们下课去吃饭了，我才进教室，却发现位置已经被前后桌挤没了，我只能勉强坐下，等待调座位。硕硕对我的言语侮辱并没有停止，每次见面都会嘲讽几句，让我抬不起头来。

学校里的风雨毫不留情地向我扑面而来，我承受不住了，求助也没有得到很好的解决，只能胆小地选择了逃避。因为抑郁症，停课了一段时间后，我选择了转学。这些事给我留下了很大的阴影，不敢社交，害怕学校。

幸好这几年，妈妈一直在带着我一起学习与成长，做了我最坚强的后盾。

妈妈找了心理医生，给我做疏导，我自己也在一些文章里看到关于抑郁症和校园欺凌的案件，我因此明白了，校园欺凌不是受害者的错，也不需要有自卑情绪。

我反思了这些事情，当时我有点胆小，不敢自己面对，也没有第一时间告诉爸爸妈妈和老师，没有及时地求助，自己也没有能力解决问题，让我错失了在事情还没有恶化到很严重的时候就化解危机的机会。我想，也许未来我还会遇到类似的问题，但我现在不怕了，我知道自己可以积极地做哪些事来解决问题了。

我身边有一些朋友或多或少也经历过和我一样的事情，把我的经历写出来，就是想跟大家分享：遇到问题了，不要怕，也不必勉强自己。凡事一定有办法可以解决，这不是我们的错，这只是成长路上的一段经历。

如果有问题，我们不能自己解决，就要寻求外力，寻求别人的帮忙，尽量不让事情发展到我们不可控的地步。你可以及时地告诉爸爸妈妈和老师，请他们帮助你。当然也会有很多同学不想向家长开口，这也是正常现象。可以找别的有能力的，并且是我们信任的人寻求帮助，比如学校里的心理咨询老师。也可以先找自己信任的知心朋友倾诉一下，不让情绪和压力憋在心里。

现在，我在跟爸爸妈妈相处的时候，还会遇到一些问题，我依然会有些不敢社交、害怕学校，但是我相信，只要我勇敢面对，不断成长，这些问题都将不再是问题。

我一直在成长的路上，希望越来越多的同学可以跟我一起，成长在路上！

宋欣欣

出生年月：2012年7月

重要荣誉：

参加第十一届少数民族传统体育运动会《石榴红了》节目录制

参加河南广播电视台 2019 年《我爱中国年》春节晚会节目录制

获得 DS 自然探索赛女子组第一名

获得郑州市黄河勇士障碍挑战赛金牌

我的积极心理学

每位同学都有自己的闪光点，我得到最多的反馈是：你的好人缘和感知能力特别强，既会发掘别人的优点，又能及时地感知他人的情绪。很多人问我：你一定是天生高情商的孩子吧？每次听到这样的提问，我都特别开心！我仔细想了想这个问题，有一些自己的经验和大家分享。

读书是件占便宜的事

在家人口中，经常能听到我小时候的种种趣事，比如，在我还很小的时候，有一次，在餐桌上吃饭，姥爷忍不住侧身打了个喷嚏。当他转过头时，沉浸在美食中的我，左手顺势递给姥爷一张面巾纸，听说当时姥爷很吃惊！这么短的时间，这个小妞这么反应这么快，他就下意识地说了一句："真有眼色！"我头都没有抬，随口说了一句："谢谢夸奖！"妈妈从旁边走过，顺势就问："你知道什么是眼色吗？"我头也不抬地随口答道："眼色就是别人需要帮忙，不用他说，我就帮助了他。"顿时，妈妈和姥爷爽朗的笑声把我从食物的美味中拉了回来，我莫名其妙，不知道发生了什么事情。超强的总结和反应能力，这可能就是大人口中的情商高吧。

长大了一些之后，妈妈给我看了很多的书，如《三国演义》《水浒传》《西游记》。小的时候，我看动画片版，随着年龄增加，就开始读简版故事和大部头的书啦！其实，慢慢地，我发现，读书是举一反三的事情。为什么这么说呢？你想啊，读一本书，就能把别人的故事了解得清清楚楚，读者就像上帝一样，对书中人物的故事的前因后果看得无比清楚。在读书的过程中，妈妈还经常和我讨论里面有意思的话题，比如，赵云既聪明又讲义气，刘备虽然没有赵云勇猛，但是他懂得笼络人心，他能让许多很有才干的将军心甘情愿地跟随他。又比如，赵云冲出重围，把襁褓中的刘禅带到刘备面前，刘备却把刘禅扔在一旁，满脸热泪地说："因为一小儿，差点折损我一员大将！"把赵云感动得稀里哗啦，之后更对他的主公刘备死心塌地了。我想，父亲哪有不爱自己儿子的，他这扔的力度也是恰到好处，既不伤及孩子，又充分地感动了赵云，可真是一个经典故事啊。刘备虽然没有赵云勇猛，但是他的管理方法可真是教科书级别的呀。有的人天生是将才，有的人天生就是帅才，而我借着这些故事，可以把他们都看个清楚。读书真是一件占便宜的事，给我带来了非常多的喜悦与收获。

我还推荐你读一读中华经典《道德经》，书里都是前人的智慧结晶。在我看来，老子就是一个非常有智慧的老先生，他在几千年前就把他自己的经验总结出来，为我们所用。书里面的很多地方我还读不懂，但这一定是一部非常有启发的作品，等我慢慢去探索吧。

聪明的人从自己过往的错误中总结教训，智慧的人从古人的故事中汲取经验，而愚蠢的人自以为是，不愿意改变。我们讨论书里面的人物，从他们的人生故事中总结经验，这让我非常受益。

做一个高情商的小孩

我上三年级的时候，妈妈有一次非常生气，原因是我的握笔方式不对，写的字很不好看，而且手指都快磨得变形了，我反复被提醒，却没有改变，终于让她忍不住冲我发了通脾气，当时我都吓哭了。

其实我也知道，她是心疼我的手指，因为她经常说我的手长得漂亮，但人在生气的情绪刚刚出来的时候，并没有注意到它，任由情绪影响了行为，于是心疼变成了发怒。到了晚上，妈妈像往常一样抱着我，问：“今天你生妈妈的气吗？”我也把妈妈紧紧搂住，说：“过去的事就让它过去吧，不想那些不愉快的了！”于是夜晚依然美好，不愉快烟消云散，我称之为转念。

我们要了解自己的情绪，也要试着体会周围人的感受。妈妈是亲人，她是非常爱我的，所以我认为，不要跟自己的亲人产生冲突，而且对待亲人更应该包容。人往往忍不住对自己最亲的人发脾气，这点是要改改的呢。在三年级人教版《语文》课本中，我们学过“爱出者爱返”，明白了这个道理，我发现我的幸福感就来自我身边的人。

有一款游戏叫“我的世界”，在里面可以建立自己想要的王国，那是一个虚拟世界，但是我们生活在真实的世界里，我们其实也可以把我们的生活当成游戏，自己就是这个游戏的主人，想要拥有怎样的生活，就自己去创造。这个专属的游戏世界是我亲手创造的，我怎么对它，它就会怎么回馈给我。现实世界也是一样的，世界和我的关系，就是我和自己的关系。

我的好人缘也源于此，全班有一半的同学都是我的好朋友。当然，朋友之间也会发生一些口角，小朋友之间闹别扭往往表现得更明显，不高兴就会扭头走开，甚至还会沮丧。

有一次，我的闺蜜 HH 同学想让我独属于她，不想让我跟其他同学玩，就对我说：“你要是跟 CC 玩，我以后就不跟你玩啦！”这是在威胁我，我可不能配合她的占有欲，于是我说：“那好吧！”

她愣在原地，没想到我会这么回答。

我知道她是非常喜欢、在乎我这个朋友的，但是大家一起玩不是更好吗？别的同学找我，我总不能不理她们吧，独生女的控制欲可不是每个人都能接受的，这样以后会吃亏的，那就让她体验一次吧，反正我们早晚也会和好的。接下来，我们半天没有说话。第二天，她又来找我，说：“我们一起玩吧。”我说：“好呀！”就这样，一扫昨天的不愉快，我们又是亲密的闺蜜了。

其实小朋友的世界没那么复杂，不必带着以前的包袱前行，她是我的朋友，也是我世界里的一部分，为什么跟自己的一部分过不去呢？而且，我也希望她能更坦诚地面对自己的感受，成为一个高情商的人，所以，过去的就让它过去吧，不内耗，让坏情绪一闪而过吧！

重视每一件小事所带来的成就感

打卡读英语是让我非常有成就感的事。每天读30分钟，我已经连续坚持600多天了。当然，也不是一开始就这么有雄心壮志，我的小目标起初只有21天。在试着挑战21天后，进阶挑战365天，现在，我的目标是挑战1000天，每天进行半小时的英语朗读！

说实话，每天都要读30分钟是很不容易的，而且每天只要少一秒钟，就会挑战失败，坚持下来确实挺难的！当我完成了100天的挑战，要挑战连续阅读365天时，在第302天，我出去玩疯了，回来就忘了，挑战失败！当时我真的是想放弃了！但是回头想想，之前的不都白读了吗？而且我也喜欢英语，我作为一个“地球村”的人，以后还要用这个工具去看世界呢，缺少了工具怎么能行？经历了艰难的思想斗争后，我重整旗鼓，又从101天开始，挑战365天，现在已经600多天啦，我会一直坚持下去的！

除了坚持读英语，每天的晨读也是个很好的习惯。我用的是倒推的方法，为了保证每天晨读，我就每天早早起床；为了早起床，我就要提前睡觉；为了提前睡觉，我就要按时上床；为了按时上床，就要在7点前吃完饭……就这样倒推起来。为了保证在6点前高质量完成作业，我会把碎片时间利用起来，在学校课间的时候，我会高效率地写作业……

看似很简单的倒推，却是一环扣一环的，把大目标分解成小目标，把小目标认真完成，也就是大人经常说的，目标很远大，需要脚踏实地走好每一步。

其实，晨读还有一个细节是需要注意的。每天早上起来，要打起精神朗读是一件很困难的事情，眼睛像起了雾，嘴巴像粘上了胶，身体像面条一般软软塌塌，虽然坐在那里，脑袋还是比较懵的。我就想了一个办法，用软件把自己每天晨读的内容，都录下来。这样，既能督促自己好好朗读，又能像脚印一样，让自己的努力留下痕迹，积累一段时间后，心里真的很有成就感！

有时候，自己会回放之前的录音，感觉声音小了，状态不好了，不用别人说，我自己就能调整，因为妈妈说，这样保存下来，以后我的孩子还能听到我小时候读书的声音呢，我可得好好给他们做榜样啊！这个好办法也推荐给正在读书的你。

“不积跬步，无以至千里”，其实我的生活就是由一件件小事组成的，目标很远，但眼前把每一件小事做好，脚踏实地，就会离目标越来越近。

每个人都是不一样的种子，所以每个人的人生都不是一样的。我们不需要活成别人眼中的样子，我们按照自己总结的经验，不断积极地发掘身上的闪光点，活出自己想要的样子。不为或者少为自己所做的事情而后悔，因为没有一个人的人生是完美的，接纳不完美才是真正的完美！

懂得感恩，才会拥有，最后再次感恩并珍惜我身边的一切人和事，包括正在看书的你哟，让我们一起遇见更好的自己！

薛睦涵

出生年月：2006年9月

重要荣誉：

2021—2022 学年，品学兼优，被评为三好学生

2021—2022 学年第二学期，表现优秀，被评为文明学生

李斯特杯香港国际钢琴公开赛（儿童组）一等奖

第七届香港国际钢琴公开赛特等奖

今日教育杯小学生新课程作文评选二等奖

我不是天生叛逆

每对父母都希望孩子一生顺遂，少走弯路。从早教、兴趣班，再到辅导班、家教，最后实习、工作，在孩子的每一个成长阶段，都尽可能为他安排最好的。可多数父母在做规划时，忘记了问问孩子本人，这样的人生是否是他向往的？他们是否在培养另一个自己？

标签的影响

小学阶段的我，只需要做好两件事：

1. 遵守父母的规则；

2. 听从老师的教导。

在学校，我时刻按照家人为我准备好的“人生剧本”，竞选班级班委，拥有优异的成绩，在学校运动会和才艺大赛中多表现、多曝光。在小学时期，我的生活是可预见地有趣又无聊，从周一到周日，不重样的兴趣班、补习班无缝衔接，无条件地做着父母安排好的事情，按照他们的设计去生活。似乎本属于我的人生，已经在妈妈的规划下，一切可预见了。面对这样完美、成功的人生，我需要做的只是听话照做。

从小学开始，像中国大多数家长一样，奉行“压迫式”教育的我的妈妈，对我是挑剔多于鼓励，生怕夸两句，我就飘起来，变得骄傲自满、不思进取。同时，通过“节约”掉了和自己孩子沟通的时间，只是简单地要求自己的孩子去执行父母的命令，却忽略了本该由孩子们自己做决定、思考的过程。在我还小时，这样的方法或许奏效，但随着年龄的增加，我虽然仍然听从父母的话，但有所改变的是，自己逐渐开始形成自己的思想，我并不认为人生是可以规划出来的。这样的思想完全违背了家长们对于“乖孩子”的定义，因此，两种不同的思维方式开始发生撞击时（虽然在目前来看，有一方的力量十分微弱），那名为“叛逆”的神经在经过长期的打压后，会迎来惊天动地的爆发，特别是在父母始终不让孩子自己做出选择时，所产生的后果会更加严重。

在这期间，有一件事让我印象深刻：记得是一天傍晚，我刚上完钢琴课，妈妈来接我回家吃晚餐。当时正沿着一条斜坡往上走，我沉浸在晚餐有炸土豆丝、鸡腿肉的味蕾想象中，妈妈突然开口，说了句迄今为止都对我影响很大的话：“我今天跟班主任聊了下，你最近数学成绩下降了，是不是不擅长数学？还是说你没有用心去学？”这句话对于当时的我来说，无异于泼下一盆冷水，从头到脚。当我最亲密的家人否定我对于不论是数学还是任何其他方面（如课外才艺）的热爱和努力，而单单根据考试结果对我进行质疑：“可能是你天赋不够，不擅长吧。”这让当时的我感到又愤怒，又无奈。

我开始一边自责，一边怀疑：是不是自己真的很差劲，不适合学数学呢？这句话像是一颗种子，埋进了我的心里，逐渐在我的心里生根发芽，“数学可能是我不擅长的学科吧！”“这是我无论怎样努力学，都没有办法取得好成绩的学科。”这样的想法最终长成了参天大树。

如今想来，为什么这句话对我产生了极大的影响？令我产生了那么大的抵触情绪？可能是一直以来积压的情绪被这句评判点燃了吧。

说到这里，可能你也感受到了那时我的矛盾心态。我表面不敢反抗，依然按照父母的意愿行事，但在心里，默默地想挣脱束缚。虽然听从父母的安排不是我想做的，但那时的我，还不知道自己到底喜欢什么、热爱什么。

在六年的小学生活中，逐渐积压在学习和生活中的压力，让我感到焦虑与迷茫。而在我的父母心中，还误以为我沉浸在肆意、满足的童年里。

你有没有活在父母帮你设计好的剧本里？

初中的迷茫

就这样，带着内心的困惑，我踏入了初中，让一家人提心吊胆的阶段——青春期来了。

当父母再一次按照小学的方式与我相处时，我不想再配合演戏了。积压在心中的不满已经达到了峰值，封存在心中的“反叛因子”启动了，就像武侠小说中被宗门封印的黑暗势力开始活跃，逐渐失控。

记得在初二上学期，我妈妈不知道从哪打听到一位神通的英语老师，可以“轻松”地把 120 分的英语成绩提高到 140 分。如今想起觉得很荒诞，但当时我们真的开启了这段“冒险历程”。

补习的位置距离家要横跨两个区，单程交通要花 3 个小时。教室位于一栋老式建筑里，有着脱落的墙皮、褪色的地板、松动了的桌椅。人员配置特别简单，只有两位老师，其中一位老爷爷负责登记、统计学费和老师课时，另一位则是大名鼎鼎的英语老师了。

可在课堂中，令我最无法适应，甚至可以说是反感的，是这位老师的教学方式。我坐在课堂上，仿佛是待在一台老式录音机前，听着那无任何情绪，音调无任何起伏、波动的声音，我提不起任何学习英语的兴趣，更别提实现最初想要提分的愿望了。

上了几次课后，我决定不再继续上课，同时，我告诉父母，他们的做法过于保守，对很多事的安排并不合理。我听到的回复是：“明明老师教其他人都没有问题，并且考得都不错，你是不是需要反思下自己的问题，别老是从其他方面找原因？”

我内心的不满、委屈以及想要反抗的决心像是打在棉花上一样无力。因为青春期激素的影响，再加上长期累积在心中的委屈，我没有再选择忍气吞声，而是真正地爆发了。

我毫不相让，爆发了激烈的家庭争吵，吵着吵着演变成相互指责，大家不欢而散，进入了冷战期。

当初的我，虽然对于自己“大逆不道”的行为以及所造成的后果感到惊讶和后怕，但我仅仅提出不想上这个老师的课，还不是因为贪玩、想偷懒，我确实没做错任何事，凭什么又要我作出让步？因此，我们的冷战不会轻易结束！

叛逆的心

从那时候开始，晚上放学回家后，我就把自己房间的门关上，拒绝和父母进行任何交流。在那期间，我开始看小说，将“斗罗大陆”系列和《斗破苍穹》几乎都看了个遍。晚上 10:15 回到家，一直到 12:00，我才会开始动笔写作业，甚至过分的时候，还会偷偷跑到外婆房间，用她的手机搜练习册的答案，敷衍了事。

在课堂上，除了班主任的语文课以外，其他时间，我都一直趴在桌子上睡觉。有时不困，就在座位上发发呆，或者抄笔记。当然，万万不建议大家用这样的方式敷衍老师和家长，因为最终耽误的，是属于我们自己的前程和未来。可惜，当初的自己一心撞南墙，选择用这样幼稚的方式跟父母进行抗争：我是一个有独立思想的人，不是被你们牵着线的木偶，更不是任人摆布的傀儡！我可以自己决定我要做什么，这是我的选择。即便是自毁前程，我也不想输掉这场“战役”！

就这样持续了大半年，在这场和父母的对峙中，我最终通过杀敌一千，自损八百的方式，实现了自己的目标。但随之而来的，是在我的“不懈努力”之下，我陷入了另一个危险的境地——在接下来的周测考试中，我发现，自己的各项成绩已经全面下滑。如同当头一棒，我才反应过来，自己都做了一些什么事情！特别是我的好友已经是南开本部的种子选手，而我却还在为最后中考成绩是否能上年招线而担忧。这样宛如鸿沟的差距，更让我清晰地认识到自己当初“不撞南墙不回头”的决心所种下的恶果的味道。

如同做了一场很长的梦，我用极大的代价，懂得了任何人都要为自己的所作所为负责，有可能仅仅是一个当下随意、不负责的决定，就可能改变自己的人生轨迹，而这样的结果只能自己默默承受，同时也明白了未来和前途的重要性；不仅如此，我的父母也在这场持久的“战争”中不断反思，并且意识到了单纯通过权威，像管理下属一样教导孩子，不仅是错误的，而且是无效的。

每每回想这段时光，我依然觉得这是一段有意义的体验，并且非常感谢父母在那段时间里，虽然完全见不到教育那束名为成功的曙光，但还是一直支持我，能让我在初三时有毫无顾虑、咬紧牙关冲刺的底气。

自此，带着双方的改变，我正式开启了初三咬牙追赶的一年。这一年，我牺牲了课余休息时间，每天早 6 点起，晚 12 点睡，并正式使用题海战术。不论是我较擅长的文科科目，还是让我又爱又恨的理科科目，每天的我都接受来自学校老师和补习班老师的“双重奖励”，于是我的生活被不同科目的试卷和知识点的背诵塞满，就这样度过了初三一整年的时间。

在双方各自忙碌和反省的时间里，父母和我也进行了心平气和的沟通。在家庭会议中，我第一次勇敢地说出自己的想法，希望能掌握自己的人生，为自己负责。父母也讲，是自己的成长没有跟上我长大的脚步。孩子就像一支射出去的箭，箭要飞去哪里，方向应该由孩子自己决定。虽然他们怀念我小时候把我抱在怀里照顾的模样，但也把自己困在了望女成凤的执念之中。在交流中，我发现，原来父母肩上所承担的责任与义务也是千钧重负，只是之前的我没注意到。即便在压力很大的情况下，在我初二的成绩一塌糊涂的时候，他们还是对我说：“我们的责任就是尽全力抚养你和妹妹长大，所以你不必有心理负担，尽自己全力去冲一把，无论最终结果如何，我们都是你和妹妹最可靠、最温暖的坚实臂膀。”那一刻，我真切感受到了家人之间无条件的支持和父母对自己的爱，就算他们之前一直用了错误的方式。

几次深度沟通后，再次建立的边界感，让我感受到了独立和自由。父母不必为我强撑，我可以站起来保护疲惫的他们。

自此，经过一整年在知识的海洋中拼命遨游，我中考取得了不错的成绩。同时，也为自己初中三年的学习生涯画上了句号。

自此，经历过如电影一样跌宕起伏的初中三年，我似乎找到了在当初刚踏进初中时，让自己困惑、迷茫的问题的答案。现在，我的家人彼此尊重、尝试沟通，会静下心来听取别人的建议，仔细分析是否可行。

也许不少读者像我一样，从小接受的是典型的“中国式家长”的打压教育。站在孩子的视角，我感受到的是：在父母心目中，似乎只有学习成绩优异、有擅长的才艺，甚至有较好的社交能力的孩子，才是他们看来“完美”的孩子。可这样的满意标准是完全不符合事实的。为此，我也产生了一个疑问：当父母给孩子设置了无数的判定标准来评判一个孩子是否优秀时，作为父母的成年人，是否可以按照如此“苛刻”的标准来完成他们的工作，以及有质量地在下班时间陪伴孩子呢？这不禁让我们反思。

回想起自己在不同的年龄阶段，扮演学生、女儿、朋友等不同角色时，对未来感到迷茫。我会永远记得初二那个意气用事、不计后果的自己，也会记得付出了惨痛代价的自己，同时，对在初中时期不遗余力帮助过我的老师，无论我学习状况多糟糕，都从来没有嘲笑过我的同学，以及一直支持我、从未放弃过我的父母表示真挚的感谢！

朱洪逸

出生年月：2007年6月

师长评价：

洪逸，你是一个自律、积极、阳光、善良、有爱心的孩子。你对自我负责任的心及强大的心理素质，让我明白了：理解别人的不理解是一种智慧。爱是深深的理解与包容！让对方成为最好的自己！你面对事情的态度，让我学会了如何成为一个优秀的妈妈；我们一起在幸福的道路上精进，创造属于自己的精彩人生！

人的改变不需要轰轰烈烈

我是朱洪逸，今年 16 岁，来自广州，如今在广州理工实验学校上高中。我从 8 岁开始，就陆续去了美国、英国、澳大利亚、泰国、加拿大等国家。在这期间，我从一个无知、冷漠的孩童，变成了一个成熟、乐观、自信的青少年。我接下来要写的是我关于突破与改变的成长经历，希望能对你有所帮助。

我很喜欢撒切尔夫人说过的一段话："注意你的想法，因为它能决定你的言辞；注意你的言辞，因为它能主导你的行动；注意你的行动，因为它能变成你的习惯；注意你的习惯，因为它能塑造你的性格；注意你的性格，因为它能改变你的命运。"这段话曾无数次让我感受到，生活中的点点滴滴可以成为一个人改变的瞬间，而这些成长过程中的瞬间，也让我懂得了什么是人生的意义。

很多人觉得我很幸运，因为我出生在一个相对比较富裕的家庭，并且我的爸爸和妈妈都是教育工作者。很多人都会羡慕我，觉得这样一个既懂教育，物质条件又比较好的家庭，一定会给孩子足够的支持、爱与温暖。确实，我的父母给予了我很多的支持，但他们在我的童年时期，很少陪伴我，这让我逐渐变得冷漠，不愿意与外界有过多的接触。

在我出生的时候，我的父母就一直在与畅销书《销售女神徐鹤宁》的传主徐鹤宁老师合作，帮助更多的人提升自己，找到财富密码，因此，他们每天都要跑业务，每天都很忙，完全顾不上我。

虽然那个时候，我年纪小，大概四五岁，记忆也比较模糊，但我记得，我被送到了东莞，跟爷爷奶奶一起生活，跟父母的见面机会，一个月差不多只有一次。这样的改变使我的性格大变，我经常想父母是不是不喜欢我？所以不愿意跟我生活在一起。

特别是每当放学的时候，我看到别的小朋友都开开心心地被父母接回家，只有我每次都是爷爷奶奶来接，我心里总不是滋味，有时候还会偷偷流泪。爷爷奶奶跟我的关系并不是很好，我们经常吵架，我也记不清为什么了，但我们总是闹得不愉快，这也让我觉得在这个家里缺乏安全感。每个月好不容易盼到爸爸妈妈回来，但是每次真的见到他们，又觉得很陌生，爸爸妈妈在我的童年里，就像客人一样。这些情况都使我越来越冷漠，我感觉所有人都不喜欢我，我没有朋友，觉得全世界只有我一个人。这是我童年里的一道伤疤，即使过了十几年了，我现在想起来，还是有些许的悲伤。

这样的状况一直伴随着我的整个幼儿园时期，虽然在我幼儿园毕业的时候，父母将我接回了广州，重新和我一起生活，但在很长一段时间里，这种孤独感、不安定的感觉还依然存在。我想一个内心孤独的人可能需要更多的温暖，才能将心中的冰融化。我的第一次转变也正是发生在从幼儿园毕业后的这一个假期。妈妈在整个假期对我的陪伴，让我慢慢地感受到，原来这就是母爱，这就是家庭的温暖，我重新体会到可以肆无忌惮地奔跑，不用害怕，因为妈妈总在我身旁。可以跟别人相处，别人并不会嘲笑或者拒绝我，因为每次主动跟别人相处，都可以获得妈妈的表扬，这样的感觉真好。这个假期，我慢慢地学会了笑，我重新观察这个世界。

当我慢慢习惯了有妈妈的陪伴时，小学生活开始了。我的小学是在湖北黄冈小学上的，因为距离我家很远，所以我从一年级就开始住校。这使我刚刚与家人建立起来的良好关系，差不多一下子被打回原形，我又变成了那个没有人可以说话、没有人可以帮助的人。

我根本不懂得如何与别人交朋友，没有人教我，没有人引导我，陪伴我一个假期的妈妈不在身边，从小陪伴我的爷爷奶奶也不在身边，而我跟爸爸的关系一直都没有得到缓解，以至于我对爸爸只有害怕，都说缺少父爱的孩子不够勇敢。因为害怕爸爸，我觉得如果我犯了什么错误，爸爸一定不会帮助我，于是我谨小慎微，这使得我在班上总是唯唯诺诺，甚至有些时候不敢大声说话。那些坏孩子都来欺负我，嘲讽我，讽刺我，给我起外号，还说我是没有父母接送的孩子。这使我快要愈合的伤口又被撕开，小学的无人陪伴和对爸爸的恐惧，是我人生中的第二道伤疤，下一道伤疤显然更深，因为我的妹妹出生了。

妹妹的出生，让我再一次觉得被全世界孤立了，我觉得父母并不喜欢我。妹妹一出生，爸爸妈妈就把她抱在怀里，像掌上明珠一样地呵护，生怕她受伤。我看着他们对待妹妹的态度，感觉自己好像从来没有拥有过父母这样的爱，此刻的我无比绝望。

以前的疑惑转变成恨，我开始恨我的父母，总是会想：

为什么你们不爱我？

为什么你们要这样对待你们的儿子？

为什么从一年级开始，就让我住校？

为什么你们如此偏心？

既然你们不爱我，为什么还要生我？

终于有一天，我再也忍不住了，那天，我在很晚的时候，一个人躲在房间里，哭了很久很久……我从来没有这么伤心地哭过，这也使我陷入了无尽的深渊之中。

那次哭泣之后，我并没有变好，而是从此一蹶不振，放弃学习、放弃沟通、放弃自己。我觉得世界上没有什么是值得我在乎的，以前还在乎别人看我的眼光，在乎同学的嘲笑，现在完全不在乎了，觉得每一件事情都无所谓。

我这样的状态持续的时间并不是很久，就被妈妈发现了。有一天，妈妈拉着我的手，跟我说了很多。她告诉我，并不是他们不喜欢我而把我丢在爷爷奶奶家，而是当时他们在上海打拼，因为我不适应上海的气候而经常生病，所以才无奈地将我送到东莞的爷爷奶奶家照看。不是因为不喜欢我而送我去黄冈读书，而是希望我能够受到好的教育以及变得更加独立自主。当时的我听得半信半疑，因为我实在是太久都没有感受到温暖了。不过，妈妈用行动让我相信了。从那次谈话之后，她对我的陪伴越来越多，甚至会去学校看我。在假期，她对我的陪伴甚至多于对妹妹的陪伴。我生病的时候，妈妈整晚担心得睡不着觉，一直照顾我，这一切都让我重新“活”了过来，但我懦弱的性格，让我看起来像一个女孩子，这种状况一直持续到了小学毕业。

直到一次偶然的机会，我看到了我的爸爸和妈妈各写了一本书，一本叫《女人天生富有》，还有一本叫《重塑者》。我好奇地翻开来看了看，在妈妈的这本《女人天生富有》里面，我找到了妈妈写我的地方，妈妈在书中写的很多道理都是我跟她的对话，包括要给孩子足够的安全感等等。我很欣喜，觉得自己也是妈妈图书创作中的一分子。

当我翻开《重塑者》，也就是爸爸写的这本书时，我对他有了新的认识。原来爸爸并不是一个凶巴巴的人，也并不是不关心我们。《重塑者》这本书中有一个章节叫“家庭重塑”，里面竟然写到了我的成长经历，原来爸爸在家庭当中做贡献的形式是不一样的，他不像妈妈一样，经常陪伴我们，不是因为不想，而是因为不能，他要为家庭奔波，要为家庭奋斗。

这使我回忆起以前的点点滴滴，虽然我不经常见爸爸，但是爸爸在我每次生日的时候，从未缺席过。“对啊！我怎么没意识到。”我心里想。而且爸爸的腿一直都是肿的，脊柱也侧弯了，但是他从来没有对我们抱怨过，他承担起了整个家庭的责任。他为了供我和我的弟弟妹妹们上学，在外面辛苦赚钱，上一次课，在台上一站就是几个小时，这对于他的腿来说，简直是雪上加霜……而我竟然一直在疏远我的爸爸。

这一刻，我忽然明白，原来是我的任性和不懂事，使我对爸爸产生了误解，我感到很愧疚。我人生中第一次真正的改变从这里开始，我开始主动和我的爸爸培养感情，主动找爸爸聊天，也就过往的事情向他道了歉。起初，我觉得他可能不会原谅我，但我没想到，他也向我表示了歉意，他说：“对不起，儿子，爸爸虽然是做教育的，但我在与你沟通这件事情上显得不善言辞。可能因为你是我的第一个孩子，当时我是第一次当父亲，有很多事情我也不懂。以前做得不对的地方，请你多多谅解，之后我们要多沟通。我一直以来都很忙，没有时间陪你，之后，我会尽最大努力陪伴你，希望你能原谅我。”随后，又给了我一个大大的拥抱。

有人说过，拥抱的力量是伟大的，我就这样被抱着，我感受到了父爱的伟大力量，我心中的恨意也彻底消除了。“真好，爸爸妈妈还是爱我的。”我心里这样想，不知不觉，我再一次落泪，不过这一次是幸福的泪水。自此，我跟我的父母在我小学毕业后的暑假和好了，我变成了一个充满笑容的人。这种状态很好，一直保持至今。到今天，我已经有4个弟弟妹妹了，我不仅没有觉得父母忽略我，而且还主动承担起大哥的责任，带他们一起成长、一起蜕变。

如今，我已经是一个高中生了，即使遇到再多的困难，我相信家人的支持会让我一往无前。

最后，我用最喜欢的动漫《火影忍者》中的一句话来跟大家共勉：“生命会诞生，生命会死去，生命会争斗。”生命的形态有很多，就看你如何面对和选择你的人生了，愿每个人都会有一条精彩的人生之路。

第五章

青春的腾飞

李沛泽

出生年月：2009年3月

重要荣誉：

2021—2022 学年校三好学生

2021—2022 学年上学期年级之星

2021—2022 学年上学期数学学科之星

2021—2022 学年下学期年级之星

2021—2022 学年下学期数学学科之星

LMM 认证记忆大师快速数字项目冠军

LMM 认证记忆大师历史事件项目季军

LMM 认证记忆大师随机词汇项目亚军

LMM 认证记忆大师随机数字项目亚军

LMM 五级认证证书

中国音乐家学会少儿歌唱十级

全国中小学信息技术创新与实践大赛二等奖

上海音乐家协会吉他七级

书画作品特等奖

英语词霸特等奖

优秀学生会干部

要比过去的自己更努力

命运从来不是结果，而是努力的过程。

念努力的岁月，忆奋斗的青春。命运永远都不是定值，努力是命运变化的原因。

用努力创建的王朝——汉高祖刘邦

公元前206年，刘邦率军攻破咸阳。刘邦看着旁边的亡国之君，看着唾手可得的君王之位，按约定，他本该封王，但刘邦知道，项羽是不会遵守约定的，他仍是自己的威胁。

他为此忍气吞声，向项羽妥协，让出咸阳城。在蜀中，他每天研究兵法战略，壮大军队。后来，刘邦率精兵出蜀，明修栈道，暗度陈仓，将项羽打得猝不及防，汉军以势如破竹之势冲垮了楚军的防线。楚军与汉军之间的差距，因一方堕落、另一方努力，变得十分明显。终于，在垓下之战中，刘邦彻底击败了骁勇善战的项羽。西楚霸王在乌江边兵败自杀，也意味着多年的楚汉之争结束了，刘邦多年的愿望也终于实现。

刘邦出身寒门，本该是一介草民，但他不认命，不妥协，终于创建了伟大的汉王朝。

用努力成就的半个圣人——曾国藩

曾国藩在6次科举失利后，被悬牌批责，他的考卷也被当成反面教材。同时代的牛人们，左宗棠16岁考中了秀才，李鸿章是17岁。虽然6次都没考中，但曾国藩没有就此放弃，依然用超出凡人的努力，缩小野心和头脑之间的差距，终于他在23岁时，第7次参加科举才中了秀才。接下来，他10年7次升迁，连跃10级，升迁的速度是所有官员中最快的。曾国藩认为："天下古今之庸人，皆以一惰字致败；天下古今之才人，皆以一傲字致败。"甚至在离世的前几天，右眼失明的他依然忍着病痛，坚持看书内省。

当我读《曾国藩传》，看到一代名臣在幼年时是如何坚持用功学习时，才知道自己的努力其实远远不够。正是这样的极致勤勉，帮助曾国藩成为朝中重臣，最后青史留名。

轰轰烈烈的太平天国运动令朝野震惊，起义军进军湖南时，曾国藩被任命为团练大臣，在湖南举办团练。书生起家的他，开始殚精竭虑地创办湘军。除了精心设计选拔制度和操练要求外，他还苦思出一套高明的建军思路。他比别人更能吃苦，更严格地鞭策自己，要求自己"将必亲选，兵必自募"，同时厚待士兵，给自己的人发放三倍军饷！最后训练出了一支水平极高的地方武装军队——湘军。起义军在他的湘军面前溃不成军，最后他攻破了起义军的都城——天京，结束了这场历史上规模最大的农民起义。曾国藩说："极耐得苦，故能艰难驱驰，为一代之伟人。"

在辅佐皇帝时，他发现了清政府的落后、列强的强大，于是他倡导学习西方的先进技术，师夷长技以制夷，设立安庆内军械所，制造新式枪炮，使得清王朝的寿命又延续了60年，对清朝后期的政治、军事、文化、经济都产生了深远的影响。

他通过不懈努力，改变了自己本来平凡的命运，他的不懈努力使他成为继孔夫子、王阳明之后的“半个圣人”。他的一生努力告诉我们：努力可以改变命运。

用努力提高的学科成绩——数学

在各科学习中，数学一直是我的拦路虎。自从上了三年级，突然变难的数学就成了我头上一直悬挂着的利剑，挫败情绪一直影响着我，我管它叫“三年级数学综合征”。

来到六年级，小升初的压力扑面而来，头顶的利剑也伺机而动。为了自己今后的择校，我暗自下决心，必须用自己的努力来提高这科的成绩，让自己有更好的学校可以选择。

想到就马上行动，于是我给自己布置了很多数学基础练习题。在完成作业后，每天晚上再多复习 1 个小时的数学。自律是一件让人煎熬的事，楼下的欢声笑语经常牵动着我的心，下去？不行！只有更努力，才能追上走在前面的人。一旦真正投入，其实时间过得飞快，每天都有额外要完成的小目标。从那时起，晚上的时间对我而言，便是追逐梦想、改变命运的关键时刻。

上了初中，我的数学成绩仍是中等。只是上的普通的中学，如果我的成绩进不到上游的话，那中考岂不难上加难？努力多一点，遗憾就会少一点！我暗自下定决心，数学要考到 120 分。

为此，我主动要求，在假期内报名一对一辅导，弥补劣势学科。我至今记得，有一天下晚课后，周围很黑，我很害怕。因为我与数学老师讨论题目过于投入，以至于忘记了时间，那天，我见到了晚上 12 点的天空。星星照着我，似乎在对我说：“虽然很苦很累，但是你一定要坚持下去呀。只要坚持下去，你的梦想便会像我一样闪闪发光的。”我虽然很疲倦，但更多的是兴奋。

终于,努力得到了回报,我成为我们学校里数学成绩优异的学生。两年的艰苦奋斗使我的数学从劣势学科变成了优势学科,这也让我坚定了内心的信念,努力真的可以改变当下。

努力可以编织梦想——声乐

“哇,他们好帅,我也想当歌手!”小时候坐在电视机前,看明星们唱歌的我,心中产生了一个天真的梦想——学会唱歌。

声乐比器乐在音乐的表达上更直观,而且唱歌是很多孩子喜欢的事,开心或不开心时,都会不自觉地哼起小曲,所以我带着满满的兴趣,站在声乐老师面前,但得到的点评是五音不全、六律不齐。这可真打击人,但我心中的梦想没有消散,反正不是生理性的,只要我努力练习,短板终会被补齐,我也一定能学会。

收获是甘甜的,但努力是枯燥的。学习声乐的人每天都要花点时间练发声、气息、共鸣。为了实现心中的梦想,我努力练习,每天都进行枯燥的练习,但是我从未放弃心中那个天真的梦想。四级、六级、七级、八级……渐渐地,梦想离我越来越近,考过十级已经近在咫尺。

2020 年的夏天,我即将面对声乐十级的考验。顶着酷暑,我前往教室,由于疫情原因,我被迫线上参考。

正处于小升初的我,在这段时间里,不得不腾出时间来练习声乐,这使我本就不多的闲暇时间也被声乐占满,但我不沮丧,因为这是我的梦想,为了梦想而付出努力是我应该做的事。每周四次的声乐课让我身心疲惫,但当我录制成功、提交作品时,我觉得这一切都是值得的。因为我已经改变了自己的命运,将自己的劣势变为优势。

当我收到声乐十级证书时,我并没有立刻开心地笑出来,我想到自己的努力,想到老师与父母的陪伴,我潸然泪下,享受着努力改变命运的喜悦。

人生在勤,不索何获。当你荣誉满身时,你会想念努力的日子;当你后悔不已时,你会抱怨没有努力。所有努力终会在草长莺飞的那一天得到结果,所以请你努力,为了你自己。

吴铭恩

出生年月：2011年11月

获得荣誉：

CCP&EE 国际童画创意联赛银奖

“话说中国·最美广州”少年儿童中华文明传承计划——儿童画征集活动二等奖

“擂台杯”珠心算国际邀请赛第一名

PM 级读者全民阅读大赛金奖

第十三届中新国际音乐比赛广东赛区选拔赛第二名

第二十五届全国中小学生绘画书法比赛(绘画类)三等奖

华数之星“2022 航天云端科技嘉年华”(初级组)航天小博士

希望数学 2022 国际精英挑战赛(中国赛区)四年级组个人二等奖

希望数学 2022 国际精英挑战赛(中国赛区)四年级组团队二等奖

师长评价：

记忆中的你，很可爱，时而语出惊人；很温暖，小动物都爱蹭你；有很多想法，千奇百怪；不走寻常路，只要你的好奇心被触发；很专注，坚持所爱；很酷，不说话时表情好凶；很粗心，永远都忘这忘那；太放飞，大射手什么都不在乎……不用担心，更不要将自己藏起来，每一个人都是独一无二的，各有各的才能，各有各的优点，也各有各的缺点。就是因为这样，我们才需要不断接触新事物，让自己变得更好。加油，去发掘自己的闪光点吧！

“如果没有勇敢地踏出第一步，就永远不会遇到闪闪发光的自己。”

一张特别的药品说明书

药品名称:吴铭恩

药品成分:性格洒脱、热爱自由,乐观向上、心思细腻,固执坚持、多愁善感,动如脱兔、静如处子

药品种类:中国、汉族、女、射手座

服用效果:主治烦恼忧愁、精神紧张,可带给你出其不意的快乐

生产日期:2011 年 11 月 24 日

承诺:实行三包政策,即"包你开心、包你满意、包有惊喜"

主治烦恼忧愁

在同学烦恼、伤心时,我总会说一些笑话,来化解同学心中的烦闷。

有一次,同学的钢笔从书桌上掉下来,摔坏了,她很伤心,因为对于她来说,那是一份珍贵的礼物。换作别人,一定不知所措,默默地看着她处理这件悲伤的事情,但是我挺身而出,立马给她讲了一个关于钢笔的笑话:"别难过,我给你讲一个关于钢笔的故事。小明的爸爸是一个马大哈,总是把自己的钢笔弄丢。一天,爸爸一边挠头,一边自言自语,'这星期已经丢(跌)了十支钢笔了'。小明对爸爸说,'爸爸,没关系的,什么都会跌的'! 小明

默默地从身后拿出一张试卷，递到爸爸面前。原来，小明的成绩跌（下降）了不少，爸爸看了立刻哈哈大笑，不仅把钢笔的事情抛到了脑后，而且也没有责怪小明成绩下降。”

烦恼的同学听到这样一个小笑话，心情轻松了很多。拥有此药品者，烦恼、忧愁可得到有效缓解。

药性：爱心泛滥

我从小就是个多愁善感的孩子。不知道你有没有看过电影《小羊肖恩》，这是一部没有任何台词的无声定格动画喜剧，内容大概是从一出生就生活在农场的小羊肖恩，有一天突然厌倦了一成不变的农场生活，于是，它偷偷计划将睡着的农场主放在车上，将车辆启动，把农场主送走。只要农场主不在，就可以给自己和小伙伴们放一天假。结果，有趣的是，它误打误撞地将农场主送进了喧哗的城市，农场主还遭遇了车祸，并且失忆了。这本是个小小的恶作剧，结果肖恩很久都没有等到农场主的消息，所以，肖恩和小伙伴们为了寻找农场主，也来到了城市，发现农场主为了适应大城市的生活，已经摇身一变，成了一个发型设计师，完全不认得肖恩了，还把肖恩和小伙伴们赶出了大门。看到这，我哇的一声哭出来，是的，我无法接受农场主不认识肖恩它们，我拉着妈妈说：“妈妈，农场主不认得肖恩了……哇……怎么会这样！为什么不认识了啊……哇……”我这一哭，身后一片小朋友的哭声此起彼伏，最后电影倒是看完了，我也忘记大哭风波是怎么收场的，但我确实深深地体会到自己爱心泛滥。

怎么理解爱心泛滥这种药性呢？趴在菜叶上的小蜗牛、误打误撞飞进家里的金龟子……这些不同寻常的宠物我都养过。有人疑惑，为什么我可以养这么多的宠物？那还用说，当然是妈妈经不住我的苦苦哀求，被迫同意的，并且在妈妈的协助下，我竟能将它们养得精彩。你一定不会相信，我养的蜗牛能听懂我们说的话，更加不会相信我养的蜗牛最喜欢看《速度与激情》。你能想象仅仅因为我们跟蚕宝宝说，我想要和红绿灯颜色一样的茧，它们竟真的把茧结出了交通灯（“红、黄、绿”三色），送给了我。这可能是因为我不仅能够缓解精神紧张，还有出其不意的快乐的功效吧。

不良反应：丢三落四，粗心大意

再好的药物，毕竟是药三分毒，都会多多少少有一些不良反应，就连我这么优秀的“药品”也是这样。丢三落四，粗心大意，一直影响着我的学习和生活，给我带来了不少麻烦。记得有一次，因为前一天是周末的关系，我将闹钟的电源线拔掉了，晚上忘记将电源线插上。第二天没有了闹钟的提醒，我起晚了，完全顾不上其他，穿好校服，匆忙洗漱后，抓着面包，背上书包，冲出了家门。可刚冲出小区，突然又想起今天有美术课，美术课所需要的画具都还躺在书桌上忘了拿，无奈之下，只能又折返去拿画具。我一路飞奔到学校，就在上课铃声响起的那一刻，我刚好踏进课室，好险！好险！差一点就迟到了！

除了忘记插闹钟这种事情之外，我干过的粗心大意的事情不在少数，特别是我那老是出错的数学题。为什么老是出错？是因为不会做吗？并不是，完全是因为粗心大意啊！不是竖式算完，忘记把得数填上，就是没看清楚应用题的问题，过程全对，唯独写错了单位，这让我非常无奈。

拥有此药品者，要注意丢三落四、粗心大意的不良反应。

临床效果：独一无二，不可复制

世界万物都是独一无二的，就如世界上没有两片完全相同的叶子。远看，仿佛每一片叶子都一样，但其实，当你拾起任意两片树叶，仔细对比，你就会发现它们之间也会有一些细微的差别。

此“药品”更是如此，看似只是众多小学生中平平无奇的一人，但是仔细端详，无论是外在，还是内在，都有独一无二、不可复制的部分。我想通过我的文字，你应该已经感受到了。

服用方法：随意打开服用，无拘无束

真的随心、随意地打开，毕竟此药品不仅没有目录，而且还处于不断成长、变化中。每一剂药不仅不会多余，还会根据病情动态调整。你可以随时唤醒使用，可以跟我聊天、对望，甚至做游戏。有时候在使用药品时，尝到一些小甜头，请及时反馈，哪怕只是会心一笑，都会使我更加积极努力；有时候舔到一点“一本正经”，则请静心思考，我可能认为在这个时刻，你更需要冷静，以消除内心的苦恼；有时，我也会有种温暖涌上心头，给你慰藉。一切都是动态的，一切并无限制，无忧无虑，无拘无束。

注意事项：忌在吃饭时，掺杂药物敏感的话题

比如英语。在吃饭时，如果你们讨论到这方面的问题，那药品的副作用就会出现——你们的听觉神经就会不停感应到碎碎念声波，建议不要谈论此敏感话题，便可避免听觉系统受损。

如果不小心触发以上情况，也无须过分紧张，只用准备一副全球最防噪的三层耳塞，便可有所缓解。

徐嘉悦

出生年月：2011年2月

重要荣誉：

2015 年获得第二届 Speak Out 2015 爱贝国际少儿英语风采大赛优秀奖

2019 年获得江阴市首届少儿电视英语大赛三等奖

2022 年获得第 26 届全国中小学生绘画书法作品比赛(小学高年级组)一等奖

师长评价：

徐嘉悦外表看着酷酷的，有点高冷。走近她，你就会发现，她是个大大咧咧且热情的女孩子。她的边界感很强，对细节的变化特别敏感，对新鲜事物感兴趣，想法也特别丰富，看问题很深入，往往一针见血，是一个独立又很有主见的孩子。她善于思考，喜欢画画，喜欢西方文学，喜欢乒乓球、摩托车，也会拉二胡，当然最喜欢的还是做饭，我们全家都喜欢吃她做的各种料理，包括她的“黑暗料理”。嘉悦还是一个理财小能手，很会规划自己的小金库。她是一个仗义又大方的女孩子，与她相处，相信每个人都会喜欢她。

烹饪的人比食客更幸福

小的时候，我是个胃口很好的小姑娘。每天到了饭点，搬椅子，拿筷子，端菜，坐好，不用妈妈反复喊，拿起筷子把饭菜一口一口认真吃完，越吃越香。

妈妈说，会吃是福。

但比起吃，我更喜欢动手去做！是的，作为一个还在上6年级的女生，我喜欢自己动手，多过享受美食。小时候，奶奶做菜，我就喜欢在她身边看，看她切菜、炒菜，顺便剥剥蒜，打打下手。上了小学，我开始掌勺，奶奶往锅里倒了菜，喊我来灶台前，我站上凳子，一铲一铲地翻炒，炒醋鸡蛋、炒土豆丝的手艺就是在那会儿练出来的。

在这个时代，很多人没有时间下厨，也不喜欢做饭。大人会说生活太忙了，哪有时间做；孩子会说外卖多好吃啊，比萨、蛋糕随便点，还要配一杯奶茶。但我就是对烘焙十分喜爱！首先，我超爱酸酸辣辣的口味，自己动手，更能做出符合自己胃口的菜；其次，认真沉下心去享受烹饪的当下，会让我轻松起来。尤其是对于我自己特别喜欢吃的美食，更是完全没有抵抗力。

掰着手指头数一下，我擅长做的还真多，同学们特别喜欢的比萨、蛋糕、牛排、三明治、鸡翅、薯条、巧克力牛奶，家人喜欢的煎鸡蛋、番茄面、口蘑虾滑、肥牛芝士炒饭、柠檬红茶、百香果柠檬红茶、乌龙茶……

在做食物的过程当中，完成每一道小工序令人非常快乐！如果成品出来后，色香味俱全，还会令我有一种人生大赢家的感觉！这时，坐下来慢慢品尝自己的劳动成果，一口一口，边吃边夸奖自己：我也太厉害了吧！那种成就感和幸福感会瞬间涌上心头。

如果你以为我的手艺不错,哈哈,我可不想让你失望:蛋糕烤干了、鸡翅糊了、饮料好酸的情况也是有的。家人和朋友还给我起了一个称号:黑暗料理发明家!

我认为没有那么夸张啦!客观地讲,大多数情况下是好吃的,只是颜值不高!好在我对自己的预期够低,所以丝毫没有挫败感,如果哪次比上一次更好了,还会小小地激动一下!

有次烤鸡翅,是真糊了,皮全黑了。端上桌,鸡翅开始向全家展现它的骨感美。爸妈一边笑,一边把鸡翅夹到碗里,我心里开始犯嘀咕:这么捧场吗?太感动了!尝一口之后,不知道下一次他们还会不会吃我做的菜了。多几次失败的经历,有时也是好事,会让我的研究探索精神高涨起来!几番调整佐料和工具以后,我发现烤煳是因为有些烤箱的显示温度比实际温度高,调低20摄氏度就好了。

我第一次用空气炸锅炸小酥肉时,为了节省时间,本要炸两次的量,被我一口气都铺在空气炸锅里,而且水加多了,淀粉特别稀,导致小酥肉黏在一起,变成了一张大酥饼!

本来我想剪一剪,摆成盘,挽救一下这个作品,但剪的时候发现,修边这办法根本不靠谱,还不如直接吃这一张肉饼。其实,这张薄薄的肉饼,肉外面裹着一层面糊,味道还是蛮好的!

每一位美食家都会经历些坎坷,才能发现自己的味蕾天赋。

小的时候,我特别喜欢把各种酱料搭配着吃,比如,辣椒面儿、醋、酱油、孜然等等各种调味料。妈妈说,不管是家庭聚会,还是其他什么场合,我都会从抽屉里变出特别适合桌上的菜的调料,放在面前,然后一个人吃得特别香。

他们起初是不理解的,我从哪里变出来的佐料?平平无奇的家常菜也能吃得这么香?嘿嘿,就是因为我用了亲自调配的秘方调料,才让菜的味道那么出众啊!我的配方,千金不换!

试吃时,妈妈一直是非常捧场的,不管我做成什么样子,她都会鼓励我,但爸爸就很挑剔啦，不想吃的东西根本不尝！我就反复劝他："老爸，虽然看起来很简单，但你尝尝看，真的不一般！"

正是我小时候喜欢研究口味的爱好，让我无意识地尝试味道的搭配，试着试着，就琢磨出自己的一套理论体系。

似乎是积累了足够多的经验，从四年级开始，我的手艺不再"黑暗"！尤其是芝士肥牛炒饭，获得家人一致的点赞和好评。步骤说来很简单，准备食材，择干洗净。先调出一个万能酱汁——生抽蜂蜜番茄酱，然后在不开火的情况下，在石锅的中间倒入米饭，四周铺上肥牛。用筷子在米饭中间抠个小洞，把鸡蛋打进去，再在所有食材上面铺一层满满的芝士。点火，火候是一个比较有挑战的部分，看肥牛快熟又没焦的时候，向锅里浇下刚调好的酱汁。再一开锅，嗯，好香！吃下肚，食物暖心又暖胃！

我切菜的水平也越来越高，切土豆、切苹果，切成丝，细到只有手机厚度的四分之一。把大块变成小块的过程，真的很让人放松。

做饭的人，会比单纯享受美食的人幸福很多。沉浸在食物中，会让人非常享受当下。别人吃到我的菜，感受到快乐，我也会很享受，还能收获被夸赞的喜悦。跟着阿姨出门买菜，也很快乐！土豆、鸡胸肉、番茄，就像妈妈买衣服一样，买的过程令人很开心。

在我的成长过程中，有非常多有关食物的美好回忆。吃一桌子菜，全家人把一天工作和学习的压力放下，说说笑笑。是家庭聚餐，让食物变得更美味！

美食对我的作用也是这样的，一家人能够开开心心地吃一餐饭，聊一会儿天，说说近况，相互出出主意。这就是最幸福、美味的人间佳肴，也是我们身边的人间烟火气！

余柔溪

出生年月：2007年5月

重要荣誉：

2021 年 7 月获得西安天启觉醒少年领袖演说之星第二名

2022 年 6 月，成为《少年英雄》剧组签约小演员，担任第一主演。

师长评价：

柔溪从小学起就是一名优秀的学生，担任课代表，她是一个健康、正直、快乐，又很负责任的孩子。独立自主，热爱阅读，有主见，不盲从，我曾因她的成绩而与她发生分歧，但她始终按照自己的节奏去学习。

在她年少的时光里，她也曾像一株野草，疯狂地生长，肆意地叛逆，我用文字、镜头记录她的成长。我有时会给她看这些集锦，让她重温自己的成长蜕变之路。

成长的结尾是家长与孩子的一次次别离，是少年逐渐成熟的面庞，是她目光坚定的模样，是家长看着她的背影，看她独立迎接自己未来的坚定步伐。

摆脱乖孩子标签的束缚

从小到大，我都是家长眼里不折不扣的乖孩子。

是的，就是那种乖巧得连嘴都不敢张的典型乖孩子。

因此，自打我有记忆开始，“乖巧”这个标签便牢牢地把我束缚住了。那些大人是怎么说我的呢？安静，又有点迟钝，不爱说话，似乎独立于喧闹之外，像是与社会脱了节。我曾被老师夸赞“出淤泥而不染”，常常成为班里同学作文里的“典范”。在家长、老师的赞扬声中，在同学钦佩的话语里，我曾深深沉沦于“乖巧”的蜜罐里，难以挣脱。

可是，当我听从家长的话，乖巧地坐在角落里看书时，我看见同龄的孩子都在眉飞色舞地谈天说地，我看见认识的小同窗们在课间追逐嬉戏，他们笑着闹着，肆意展示着淘气与活力。

那是我这个“乖孩子”怎么也无法融入的世界。

也许是因为孩童天生的活泼、动物渴望群体活动的本能，又或许是厌倦了乖巧生活的无趣，抑或小朋友突如其来的奇思妙想，我想要摆脱“乖孩子”这个标签多年以来的束缚。

那么，不做一个乖孩子，我难道要做一个坏孩子吗？起初，我常常这样思考着，又找不到准确的答案，只能苦思冥想，拼凑“坏孩子”的形象。

“你说……坏孩子是什么样的哦？”

仍然记得那是一个闷热的午后，我正为“如何成为一个坏孩子”而翻来覆去，无法入睡，便偷偷扭头问同桌。

那个只有九岁的小男孩正大肆向前桌吹嘘自己“四岁单杀一头狼”的

英勇事迹，听到我的询问，便扬起下巴，得意扬扬地回应道："像我一样厉害就可以了。"

接下来，听同桌吹牛"征战草原，称王称霸"的队伍里，又多了一个我。

当然，这并没有为我的蜕变之旅带来启发，反而令我连续几天昏昏欲睡，满脑子都是"啊，做个坏孩子，居然还要称霸草原"之类的想法。

后来，稍年长了一两岁，我又从网上知道了，坏孩子是会抽烟、喝酒、打架的，于是，在此之后，我便热衷于缠着长辈。

"舅舅，让我尝一口你的酒呗。"

"爷爷，抽烟是不是超级超级舒服！"

"妈妈，我想去学打架！"

酒当然是尝到了几筷子，却辣得我差点吃不下饭；我不服气，去找了一罐米酒抱着喝，结果晚上头疼得哭唧唧；至于烟，还没摸到，我便被赶得远远的，只好买了几根孩子间最为流行的香烟形状的糖，假装自己是个酷女孩；打架更别提了，我报了跆拳道班，刚上三天课，便被折磨得骨肉酸痛，拒绝再去。

"打破乖孩子标签的束缚"计划宣告失败。

因为计划的失败，年幼的我难过了很多天。不过因祸得福，我与我的"草原王"同桌建立了深厚的革命友谊，纵然我还是内向又迟钝，但在学校的日子似乎也没有之前那么孤单了。

当然，不惧打击、不瞻前顾后、不顾虑得失、勇往直前向来都是少年的专利。"不想做乖孩子"的念头从来没有因为之前计划的失败而被打消，反而深深地扎进了我的头脑中，只待一个契机，便能生根发芽，破土而出。

这个契机正来自我初中的新同学——一个漂亮又明媚的姑娘。

我们相识于初秋，我现在记不清是我的目光先停留在她身畔，还是她的手先向我伸出的，我们莫名其妙地成了性格完全相反的挚友、别人眼中最不可思议的组合。

她遇到问题，喜欢找老师当面讨论，而我更偏好于自己一次次钻研；她喜欢读那些有趣的轻小说，我却翻着大部头的名著典籍；她灿烂又开朗，我听话又乖巧;她调皮又不拘于规则,我沉闷又有些内向。我们看似背道而驰,却出乎意料地在某一刻、某一点相遇。

她会拉着我一块儿去找老师闲聊,和我一起探讨有趣的题目,我们彼此分享读过的书籍,互帮互助,倾诉着快乐、梦想与青春。

大考前的最后一个月,彼时我们正困于无穷无尽的题海中,学习的压力压得人似乎有点喘不过气来。我抽空偷偷向她"吐槽",她听到后,却倏然狡黠地笑起来了,眼眸明亮得像星光,她说:"既然这样,那我们就给自己放个假吧。"

我有些不明所以,正想发问,她却先一步回答了我。

"一会儿是午自习,副班比较好说话,咱俩到时候请个假,让我带你这个学昏了头的乖宝宝好好参观下校园。"

我一时不知道该先反驳她走出题海、放下学习的想法,还是先反驳她那句"乖宝宝"了,索性沉默下来。或许我也在心里期待着吧,期待着她陪我摘掉"乖孩子"的标签,期待未知与刺激,期待突破,期待勇敢,期待改变,所以我默许了她的提议。

直到她拉着我去跟副班请假、走出教室为止,我还是晕乎乎的。

当时正值暮春时节,校园后面小道上的樱花树早已缀满了朵朵浅绛。偶有几朵调皮的花儿,会捎上清浅的香气,顺着充满暖意的春风兀自拂过我们的脸颊,卷过了发梢,轻轻地打着旋儿,落入了心里,不染淤泥,绚烂而富有生机,美妙得不可思议,让人恍惚间如坠梦里。

她轻轻地握着我的手,蹦蹦跳跳,流连在树影间,轻盈如欢乐淘气的小精灵,眉眼肆意地扬起,笑声回荡在风里,竟比那樱花还要美妙几分,整条小路似乎都更加生机勃勃了。

"怎么样,还不错吧?"她歪着头,"你这几天跟个木头似的,一点活力都没有,看我多善良,拉着你出来放松身心。"

我哑然失笑,看她那眉飞色舞、侃侃而谈的模样,恍惚间,她似乎和几年前那个"征战草原"的小男孩的身影重叠在一起。

尽管很开心,请假出来放松还是不可取的,快乐的时光随着班主任的到来戛然而止。自小到大，都是乖孩子的我第一次被班主任批评，本有些难过，但看着她在一旁偷偷给我挤眉弄眼，时不时晃晃手里不知什么时候捡来的樱花的调皮样儿，心情便又明媚起来了。

春去秋来，秋去春来，或许是因为她几年来的潜移默化，我竟也不知不觉地向她靠拢，变得开朗活泼。我有了独立的想法，有了提出问题的勇气，不再拘泥于听话而已，而她也变得更加沉稳。

所以说，友谊真是奇妙的东西，竟能在不知不觉间改变彼此，推动彼此成为更好的自己。

到了这里，“打破乖孩子标签的束缚”计划也算是成功了。

只是“天下无不散之筵席”，到了高中，我们终究要分别，独自生活，独自成长。

没有她和其他旧友的日子让我有些不适应，第一次离开家，与陌生的同学一同生活更是一种艰难的挑战。所幸他们的离开，并没有带走他们过去所带给我的改变，这些曾经打下的基础以及良好的习惯，仍然忠诚地伴随着我。

与此同时，脱离了家长的指挥，摆脱了乖孩子标签的束缚，全新的环境让我有了更大的发挥空间。我让自己如旧友一般开朗，勇敢面对那些不公允，在不违背纪律的基础上，活成了更具特色的自己。

学校的优秀、同学的综合能力、家人有力的支持让我有了不断试错的底气，也激发出了持续学习的动力，发掘出了运动和劳逸结合所带来的乐趣，发现了我从未察觉的热爱。我望朝霞，赏晚月，游校园，弄桂花，我看到了许多曾经忽略的风景。

当我发现数学老师讲课的节奏太快时，我会和同学们一起向数学老师提建议，出乎我意料的是，老师微笑着听取了我们的建议。在数学老师温和的目光中，我看到了有效沟通的意义。

不过，在老师眼里，我已绝不是那种典型的乖孩子了。

可那又有什么关系呢？我所丢失的仅仅是一个标签，我所得到的却是更适合的节奏、更舒适的环境、更独立的思想以及更丰富的知识。

前日，我与新朋友闲聊时，偶遇儿时旧友，一番交流之后，旧友惊叹："你和之前真是完全不一样了。"

新友好奇："她以前是什么样儿的呢？"

"乖巧又有点迟钝，挺温柔、听话的一个姑娘。"旧友答。

新友上上下下打量我半天，眼睛里是快要溢出来的不可置信。我大大方方由着她打量，笑吟吟有如当年挚友带我在校园小道上放松时那种绚烂的模样。

我一直梦想摆脱乖孩子标签的束缚，现在，我似乎成功了。

回想年幼时的自己，我禁不住发笑。不做乖孩子，当然不是成为坏孩子；成为一个不乖的孩子，当然不需要抽烟、喝酒、打架、征战草原。乖巧和不乖，是相对主观的判断，我不甘于规则，不困于他人的思想，拥有自己的判断与热爱，这不是变得叛逆，而是追寻自我。在老师眼里，我早就不是所谓的乖孩子了，但在家人眼里，我仍是那个乖巧又温和的小姑娘。

我一直期盼的，是摆脱"乖孩子"这个标签的束缚，是更加热烈的青春，是能够谈天说地的友谊。我曾艳羡同龄人的肆意与自我，而现在，我也成了我曾艳羡的人、我儿时想变成的模样。

真正有意义的，不是所谓乖与不乖的辩驳，而是在此过程中我的蜕变与成长。我收获的每一份友谊、每一份关照、每一次突破、每一次独特的人生经历，这些才是最珍贵的青春宝藏。

难道能说我没有成功吗？

他人的赞扬或者批评，是锦上添花或参考。若困于其中，反而容易失去真正的自我，而真正的自我，以及为了塑造更好的自我所收获的经验、看到的风景、感受到的友谊与亲情，才是人生的意义与真谛。

亲爱的正在阅读的你，还记得自己年幼时被评判为乖或不乖的情景吗？或者再近一点，你还记得最近一次，为自己捡起落花的时候吗？

张馨月

出生年月：2007年12月

重要荣誉：

郑州市管城区青年志愿者服务荣誉证书

社会艺术水平考级证书（素描七级）

师长评价：

我亲爱的女儿，你好！感谢你选择我作为你的妈妈，让我体会到了爱与被爱。小时候的你，是善良的、内敛的，总是想照顾好身边的每一个伙伴；同时，你也在爱与被爱中成长，慢慢地学会了与人合作与沟通，可以积极、乐观地面对和解决问题。随着你不断地成长，妈妈惊喜地看到了你的担当和责任感，在为自己的目标不断努力的同时，你也在慢慢探索生命的意义！

时刻保持思考

我依稀记得，3 岁时趴在窗边等父母回家，在幼儿园中学到一点点课堂的知识就沾沾自喜的骄傲，小学放学后，兴高采烈地向家人诉说趣事，中学时期，愁眉苦脸地抱怨功课太多。

这就像身在局中的人，总会背负着情绪、人际关系、成绩等等很多压力，但作为局外人，又似乎一切都没那么重要。可是怎么做到时刻保持局外人的清醒呢？回顾我的成长过程，最让我有启发的就是——凡事多往前思考。

打破刻板印象

世上最难改变的是根深蒂固的传统观念，身边人经常讨论：女生学不好数学、普遍车技不好、穿着暴露是人品有问题……这些是偏见，还是事实？刻板印象从小到大从未离我们而去，并且还会造成很多负面的影响。

正因为女生的理科大多都不好的刻板印象，让我在学习数学的过程中，逐渐没了信心。渐渐地，我把自己学不好理科的原因归结到这种观念上，就像人们明知自己做错了事，还要努力推脱和辩解一样。我找到不用学数学的正当理由了，于是从心态到行动，我逐渐放松，在数学课堂昏昏欲睡，写作业草草应付,也不愿努力争什么成绩和奖项。在小学阶段总结出来的很多刷题和整理错题的方法,都没有再用过了,反正学了也学不会。

期末考试的数学成绩,像自由落体一般下滑。在暑假,学校的数学老师给我打了一通电话,老师极其坦诚地总结了学习数学的方法和建议,我们聊了很多。让我印象很深刻的一句话是:“你究竟是不想学,还是学不会?老师们都很信任你,觉得你可以!”

这个电话给了我信心,也让我看到了真正限制自己的是什么,我决定用行动改变现状。我上网搜索高效的学习方法,减少考不出高分的焦虑,提前做好学习规划,一个暑假的专心学习让我提升了很多。开学以后,回到课堂上,我想了办法让自己保持清醒,紧紧跟着数学老师的解题思路。原来认真听课的时候,人是不会困的!

应试成绩的提升和心态的扭转,令我非常受益。再出现错题或者挫折,我不再要求别人出面解决问题,而是自己去搜索,主动找答案。

在不被外界干扰的环境中,我逐渐对理科科目有了兴趣。现在,身边人再提到数理化,我就会跟他们讲:“你觉得数学很难,那说明你的大脑正在快速地成长!”

对于很多依然存在的刻板印象,你也不必太困扰,那只是很多人的偏见,并不是事实。我们要警惕自己的大脑抄近路,不思考,直接下判断。

挫折曾经让我苦恼,但也换取了我经历挫折后的思考和努力,就像伏尔泰说的:“人生布满了荆棘,我们知道的唯一办法是从那些荆棘上面迅速踏过。”

放弃的哲学

“同学们,有些不必要的事情是可以放弃的,明知不可为而为之,大多数时候是在浪费时间。”这句话是我的数学老师在讲附加题时，对班级所有同学说的。“明知不可为而为之”说的就是我参加演讲比赛时的状态。

初二下学期，我被同学们推选去参加演讲比赛。大概是因为私底下“话痨”、说话有逻辑的形象，同学们很信任我。可是演讲比赛讲什么呢？当时还没受过专业演讲训练的我，在网络上摘抄了大量的演讲稿，东拼西凑成了“自己的思想”，参加这次比赛。稿件有点马虎，但是准备比赛的态度还是很积极的。比赛前，我一遍又一遍地练习，在自己感觉熟练后，还对着同学模拟彩排，但是彩排中反复出错，紧张得像卡带了一般。

受挫的我有了放弃的念头，干脆给自己放了两天假，不再去想比赛的事儿。到了比赛当天，我的状态不错。因为心态很放松，所以讲起来没有包袱，跟着自己的节奏，环环相扣地输出我的观点。偶尔讲到大脑空白时，就推翻自己原来的稿件，用自己的理解去补上。

说不在意结果是假的，我讲完下台的时候，不经意地扫视台下，想从老师和同学们的反应里猜出结果。最后，结果并不差，至少第二名的成绩是我没有想到的！

当然，我并不推荐大家效仿我这种“躺平”的行为，但当时的我，的确开始思考：在挫折面前，不能一味地死磕，当方向不对时，怎么努力都只会让你越走越远。

人生重在思考

作为中学生，在日复一日的学习中，我们的肩膀上背负的任务越来越多，但是幸运的是，这些任务会给我们带来思考，带来警醒。尤其是在学生阶段，脑子灵活好用，那就多思考，这能决定你的人生方向。

雷军曾说：“不要用战术上的勤奋掩盖战略上的懒惰！”每一种信念都

不是固定不变的，只要保持思考、不断调整，很多事都会悄无声息地发生变化。

轰轰烈烈的历史，被平静的大海吸收，我在茫茫大海中醒来，好似身处另一番天地，感到迷茫与无措。这曾经是成长带给我的感觉。一朵朵翻涌的浪花拍打在波涛汹涌的海面上，恰似这漫长的成长过程。可是谁的成长路上没有挫折和困境呢？人如树木，风霜雨雪都要经历。只要你愿意积极思考、耐心总结，多问几个为什么，这些独家故事都会化作成长的养分，你也可以成为一个你过去意想不到的人。

随着知识水平的不断提高，我非常感谢受过的教育与经历的生活，它们让我对一切充满了热情。天地广阔，有许多东西值得我们去探索与学习，那就让我们坚守本心，不惧困难，一步步走向绚丽斑斓的世界！